▲屋上《おくじょう》に咲《さ》くひまわりとタンタン　▼梅元《うめもと》さん、吉田《よしだ》さん

パンダのタンタン

二人の飼育員との約束

杉浦大悟 作　中村愛 絵

協力：神戸市立王子動物園・NHK「ごろごろパンダ日記」制作班

講談社

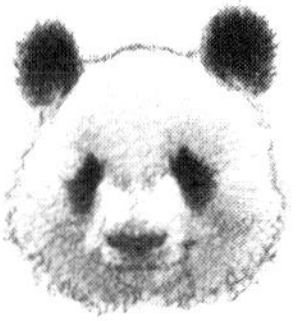

もくじ

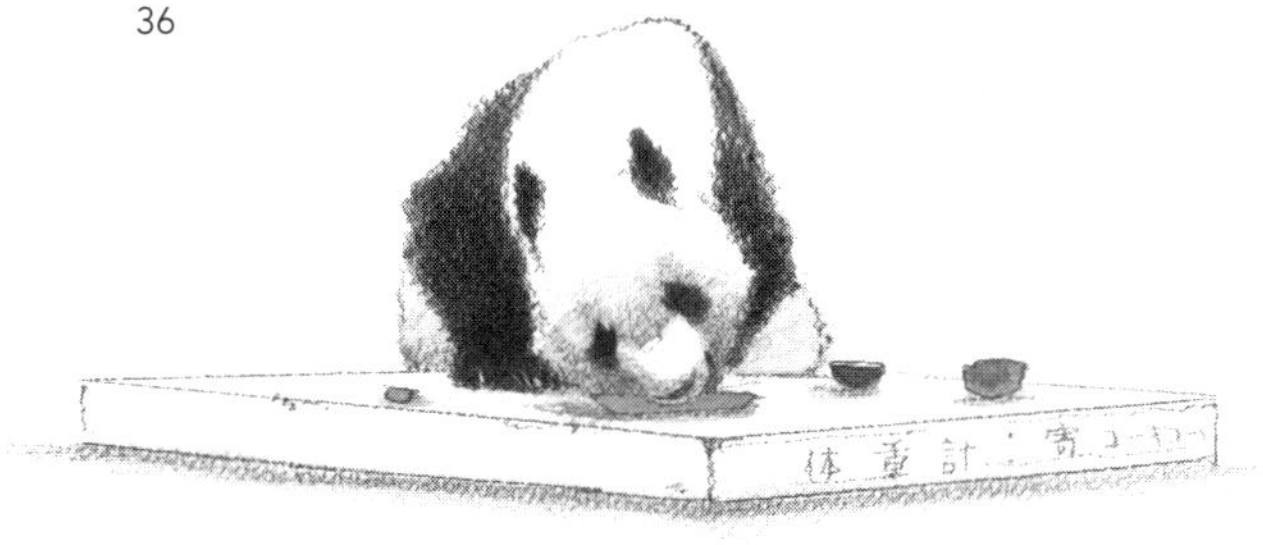

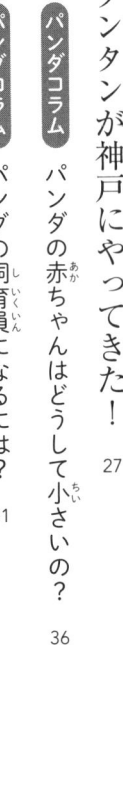

はじめに

まっ白《しろ》なシートが、コンクリートでできた建物《たてもの》をぐるりと囲《かこ》っている。
その周《まわ》りを取《と》り巻《ま》くようにつめかけた大勢《おおぜい》の人《ひと》、人《ひと》、人《ひと》。
見上《みあ》げる視線《しせん》の先《さき》にあるのは、屋上《おくじょう》に咲《さ》いた満開《まんかい》のひまわりたち。
抜《ぬ》けるような青空《あおぞら》をバックに、風《かぜ》が吹《ふ》くたび大《おお》きくて黄色《きいろ》い花《はな》が右《みぎ》へ左《ひだり》へ、
まるで踊《おど》っているかのように揺《ゆ》れている。
そのひまわりに向《む》かってある人《ひと》は話《はな》しかけ、ある人《ひと》は涙《なみだ》を流《なが》している――。

このひまわりたちは、ちょっと不思議《ふしぎ》な場所《ばしょ》に咲《さ》いている。
兵庫県神戸市《ひょうごけんこうべし》にある動物園《どうぶつえん》の、パンダが暮《く》らす建物《たてもの》の上《うえ》。
パンダを世話《せわ》する二人《ふたり》の飼育員《しいくいん》が屋上《おくじょう》に畑《はたけ》を作《つく》り、土《つち》にまみれながら育《そだ》ててきた。
そこで採《と》れたひまわりの種《たね》は、翌年《よくとし》もまた同《おな》じ屋上《おくじょう》にまかれた。
飼育員《しいくいん》たちはどうして、一見《いっけん》、場違《ばちが》いに見《み》えるパンダ舎《しゃ》の屋上《おくじょう》でひまわりを育《そだ》ててい

るのだろう?

その理由《りゆう》は、ここに暮《く》らすパンダのタンタンと交《か》わした「約束《やくそく》」を果《は》たすため。

二人《ふたり》と一頭《いっとう》でひまわりを咲《さ》かせたい――

物語《ものがたり》の舞台《ぶたい》は2020年《ねん》2月《がつ》までさかのぼる。

新型《しんがた》コロナウイルス感染症《かんせんしょう》という疫病《えきびょう》が世界中《せかいじゅう》に広《ひろ》まり、日本《にっぽん》でも、当《あ》たり前《まえ》の日常《にちじょう》が大《おお》きく変《か》わってしまったころだった。

感染《かんせん》が拡大《かくだい》するのを防《ふせ》ぐため、学校《がっこう》は臨時《りんじ》で休《やす》みになり、友《とも》だちと遊《あそ》ぶことも許《ゆる》されず、家《いえ》の中《なか》で過《す》ごさなければならなかった。

そんな世界中《せかいじゅう》が大変《たいへん》な時期《じき》に、タンタンも心臓《しんぞう》の病気《びょうき》をはじめ、さまざまな困難《こんなん》と向《む》き合《あ》いながら懸命《けんめい》に生《い》きていた。

かわいいだけじゃないパンダのタンタンと、二人《ふたり》の飼育員《しいくいん》がなぜ〝ひまわりの約束《やくそく》〟を交《か》わすことになったのか、その物語《ものがたり》をこれから一緒《いっしょ》にたどっていこう。

1.
タンタンと二人《ふたり》の飼《し》育《いく》員《いん》

「今日《きょう》はまた、一段《いちだん》と冷《ひ》えるなぁ」

自転車《じてんしゃ》のペダルを踏《ふ》み込《こ》みながら、梅元良次《うめもとりょうじ》は白《しろ》い息《いき》を吐《は》いた。あたりはまだ薄暗《うすぐら》い朝《あさ》6時半《じはん》。西日本《にしにほん》に位置《いち》する神戸市《こうべし》とはいえ、寒《さむ》い日《ひ》には氷点下《ひょうてんか》まで冷《ひ》え込《こ》むこともある。六甲山《ろっこうさん》から吹《ふ》き降《お》ろす冷《つめ》たい風《かぜ》がビュー、ビューとひっきりなしに頬《ほお》を刺《さ》す。

歩道《ほどう》を歩《ある》いている人《ひと》たちも皆《みな》、肩《かた》をすくめている。手《て》がかじかみ凍《こご》えそうになりながらも、梅元《うめもと》はこの通勤時間《つうきんじかん》が嫌《きら》いじゃない。神戸市立王子動物園《こうべしりつおうじどうぶつえん》で飼育員《しいくいん》になってまもなく22年《ねん》。自転車《じてんしゃ》で動物園《どうぶつえん》を目指《めざ》すこの時間《じかん》、頭《あたま》の中《なか》は白と黒のあ、の、子のことでいっぱいだ。

動物園《どうぶつえん》につくと梅元《うめもと》は作業着《さぎょうぎ》に着替《きが》え、そのあと飼料倉庫《しりょうそうこ》に立《た》ち寄《よ》る。ここには、動物園《ぶつえん》で暮《く》らす動物《どうぶつ》たちに与《あた》える、ありとあらゆる食《た》べ物《もの》が保管《ほかん》されている。

倉庫《そうこ》に入《はい》ると奥《おく》の壁沿《かべぞ》いに大《おお》きな冷蔵庫《れいぞうこ》と冷凍庫《れいとうこ》がずらり。冷蔵庫《れいぞうこ》にはゾウをはじめとした草食動物《そうしょくどうぶつ》が好《この》む青草《あおくさ》や果物《くだもの》などが並《なら》べられ、冷凍庫《れいとうこ》を開《ひら》けば肉食動物《にくしょくどうぶつ》のライオンなどに与《あた》える肉《にく》や骨《ほね》、アシカやホッキョクグマが食《た》べる魚《さかな》がぎっしりとつまっている。

梅元《うめもと》は冷蔵庫《れいぞうこ》に入《はい》ると、みずみずしい赤《あか》いリンゴをふたつ手《て》に取《と》り、表《おもて》に出《で》た。

ちょうどそのころ、動物《どうぶつ》たちも眠《ねむ》りから覚《さ》め始《はじ》める。フラミンゴたちはおはようの挨拶《あいさつ》代《が》わりにグェ〜ウェウェと甲高《かんだか》い声《こえ》でコーラスを始《はじ》め、アムールトラはしなやかに体《からだ》を伸《の》ばして朝《あさ》のストレッチ。まもなく、オランウータンが消防《しょうぼう》ホースにつかまってぶーらぶらと遊《あそ》びだす。いつもと変《か》わらない動物園《どうぶつえん》の一日《いちにち》が始《はじ》まるなか、梅元《うめもと》は動物園《どうぶつえん》の真《ま》ん中《なか》にあるパンダ舎《しゃ》を目指《めざ》す。

入《い》り口《ぐち》の鍵《かぎ》を開《あ》けると、冬《ふゆ》の寒《さむ》さと変《か》わらないひんやりとした空気《くうき》がもれてくる。野生《やせい》のジャイアントパンダが暮《く》らしているのは中国内陸部《ちゅうごくないりくぶ》、四川省《しせんしょう》や陝西省《せんせいしょう》などにある山岳地帯《さんがくちたい》。日本《にっぽん》と比《くら》べると、はるかに寒冷《かんれい》な環境《かんきょう》のため、日本《にっぽん》はパンダにとっては暑《あつ》すぎる。そこで室温《しつおん》が常《つね》に20℃前後《ぜんご》に保《たも》たれるよう、空調《くうちょう》が管理《かんり》されている。

飼育員《しいくいん》の控《ひか》え室《しつ》に入《はい》ると、梅元《うめもと》はまず監視《かんし》モニターでタンタンの姿《すがた》を探《さが》す。どうやら今《け》朝《さ》は寝室《しんしつ》で寝《ね》ているようだ。控《ひか》え室《しつ》を出《で》て廊下《ろうか》を進《すす》み、寝室《しんしつ》をのぞくと……

いたいた！　ごろりと横《よこ》になって、まだ眠《ねむ》たそうに顔《かお》を手《て》（前《まえ》あし）でこすっている。

「おはよう。起《お》きる？　まだちょっとおねむやな？」

梅元《うめもと》が声《こえ》をかけると、体《からだ》を起《お》こしゆっくりと近《ちか》づいてきた。そして右手《みぎて》で柵《さく》をつかむと、後《うし》ろあしで勢《いきお》いよく立《た》ち上《あ》がり、顔《かお》を近《ちか》づけて「フー」と息《いき》を吐《は》く。これがタンタン流《りゅう》、朝《あさ》のご挨拶《あいさつ》。

「お腹《なか》すいた？」

声《こえ》をかけながら、梅元《うめもと》はタンタンの表情《ひょうじょう》やしぐさ、毛並《けな》みなどに目《め》を配《くば》る。昨日《きのう》、最《さい》後《ご》に会《あ》ったときからなにか変化《へんか》はないか、具合《ぐあい》が悪《わる》そうにはしていないか。梅元《うめもと》がタンタンの担当《たんとう》になって12年《ねん》。朝《あさ》のこの体調《たいちょう》チェックを、欠《か》かしたことはない。

ここでタンタンについて詳《くわ》しく紹介《しょうかい》しておこう。タンタンは雌《めす》のジャイアントパンダでこのとき、24歳《さい》。人間《にんげん》でいうと70代《だい》なかばだからそろそろ、おばあちゃんの仲間入《なかまい》り。パンダといえば、もちろん熊《くま》の仲間《なかま》。つまり猛獣《もうじゅう》の一種《いっしゅ》だが、あれれ？　タンタンは猛獣《もうじゅう》であることを忘《わす》れてしまうくらい、愛《あい》くるしい姿《すがた》をしている！　白《しろ》と黒《くろ》のモフモフとした毛《け》に小《ちい》さなお尻《しり》。体《からだ》が小《ちい》さく手足《てあし》も短《みじか》いので、まるでぬいぐるみのよう。この姿《すがた》をひと目見《めみ》ただけで、誰《だれ》もが虜《とりこ》になってしまう。そんなタンタンにつけられたあだ名《な》は〝**神戸《こうべ》のお嬢《じょう》さま**〟。

そしてもうひとつ、タンタンはほかのパンダと食《た》べるときの姿勢《しせい》が少《すこ》し違《ちが》う。一般的《いっぱんてき》に、パンダはお尻《しり》ではなく、腰《こし》を地面《じめん》につけて後《うし》ろあしを前《まえ》に投《な》げ出《だ》す「パンダ座《ずわ》り」と呼《よ》ばれる姿勢《しせい》で竹《たけ》を食《た》べる。両手《りょうて》を使《つか》って竹《たけ》を食《た》べることができ、腰《こし》への負担《ふたん》も少《すく》ないのでこの姿勢《しせい》をとることが多《おお》い。動物園《どうぶつえん》でよく見《み》かける、背中《せなか》を丸《まる》めてリラックスしながら竹《たけ》を食《た》べる姿《すがた》だ。それに対《たい》しタンタンは、パンダ座《ずわ》りが苦手《にがて》。代《か》わりに、背中《せなか》をピンと伸《の》ばし、タイヤや木《き》などにもたれかかって食《しょく》事《じ》をとる。この上品《じょうひん》そうな恰好《かっこう》も、〝お嬢《じょう》さま〟と呼《よ》ばれる一因《いちいん》となっている。

「よし！　タンタン、外《そと》に出《で》るよ」

梅元《うめもと》が鉄《てつ》の扉《とびら》を開《あ》けると、待《ま》ってましたとばかりにタンタン、勢《いきお》いよく運動場《うんどうじょう》へと飛《と》び出《だ》していく。草《くさ》の上《うえ》で寝転《ねころ》んで土《つち》を掘《ほ》り返《かえ》したり、植物《しょくぶつ》のにおいをかいだり。おひさまを全身《ぜんしん》に浴《あ》びながら、のんびりごろごろ。運動場《うんどうじょう》の真《ま》ん中《なか》にある木製《もくせい》のやぐらに登《のぼ》って、ニセアカシアの木《き》に寄《よ》りかかり、まるで物思《ものおも》いにふけるかのようにぼーっと過《す》ごす。

この時間《じかん》は、タンタンにとって至福《しふく》のとき。食事《しょくじ》の準備《じゅんび》ができても室内《しつない》に戻《もど》らず、梅《うめ》元《もと》たち飼育員《しいくいん》を困《こま》らせることも少《すく》なくない。それくらい、タンタンは散歩《さんぽ》が大好《だいす》き。

「それじゃあ、掃除《そうじ》を始《はじ》めようか」

梅元《うめもと》が声《こえ》をかけたのは、タンタンの飼育《しいく》を一緒《いっしょ》に担当《たんとう》している吉田憲一《よしだけんいち》。

「俺《おれ》、展示場《てんじじょう》のほうをやるわ」

吉田《よしだ》は、梅元《うめもと》より少《すこ》し後《あと》からタンタンの飼育《しいく》を担当《たんとう》するようになった相棒《あいぼう》のような存《そん》在《ざい》。二人《ふたり》はタンタンが外《そと》で過《す》ごしている間《あいだ》に、部屋《へや》の掃除《そうじ》に取《と》りかかる。

パンダ舎《しゃ》の建物《たてもの》の中《なか》にある部屋《へや》は主《おも》に４つ。来園者《らいえんしゃ》がガラス越《ご》しにタンタンを見《み》られる

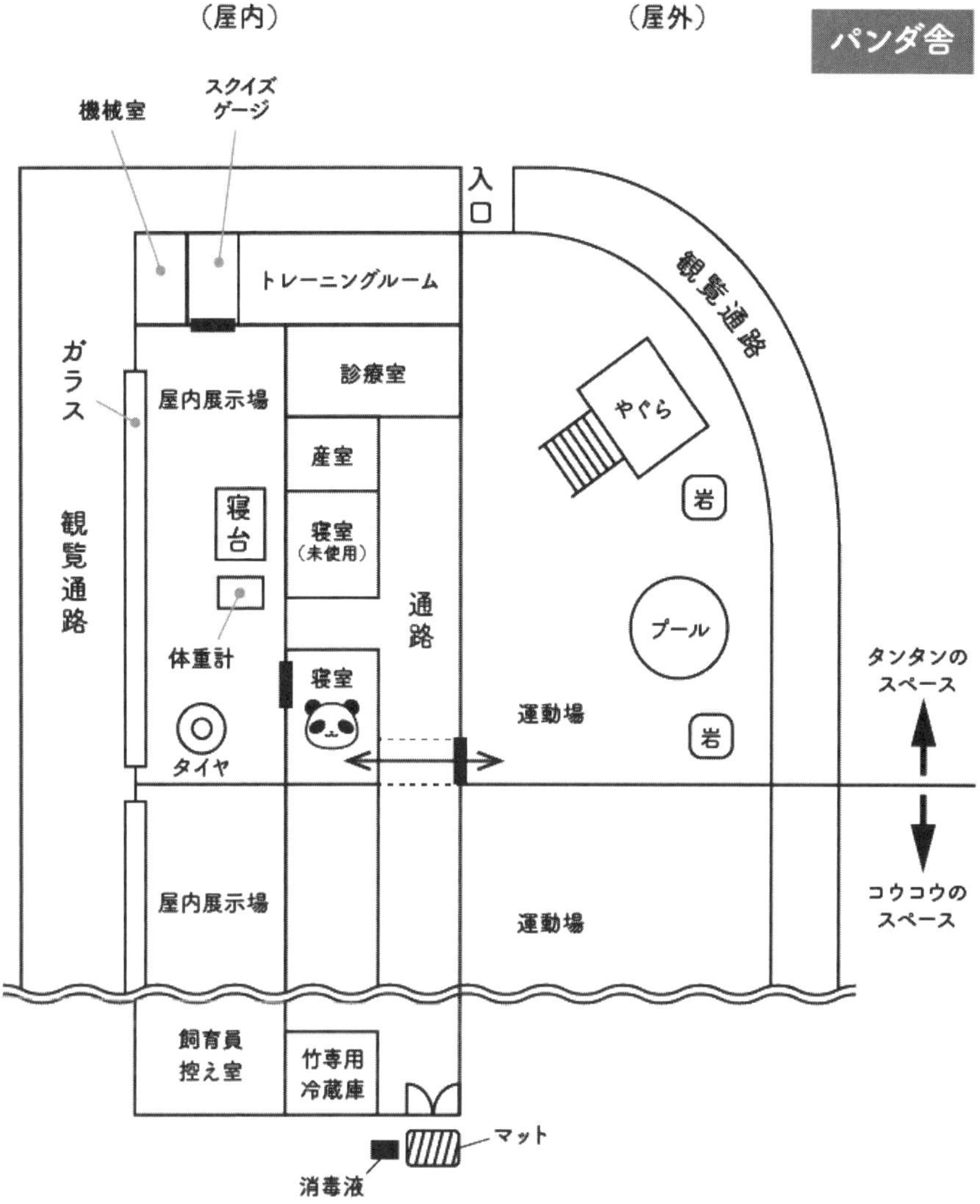
パンダ舎
（屋内）
（屋外）
機械室
スクイズゲージ
入口
トレーニングルーム
観覧通路
ガラス
屋内展示場
診療室
やぐら
産室
岩
寝台
寝室（未使用）
通路
プール
体重計
寝室
タンタンのスペース
運動場
タイヤ
岩
屋内展示場
運動場
コウコウのスペース
飼育員控え室
竹専用冷蔵庫
マット
消毒液

「屋内展示場《おくないてんじじょう》」。タンタンが人目《ひとめ》を気《き》にせずのんびりできる「寝室《しんしつ》」。検査《けんさ》や治療《ちりょう》を行《おこな》うための「トレーニングルーム」。そして、薬《くすり》の準備《じゅんび》などをする「診療室《しんりょうしつ》」。

夕方《ゆうがた》、飼育員《しいくいん》の二人《ふたり》が帰《かえ》った後《あと》は電気《でんき》が消《け》され、タンタンは薄暗《うすぐら》いなか屋内展示場《おくないてんじじょう》と寝室《しんしつ》を行《ゆ》き来《き》しながら過《す》ごす。1〜2時間《じかんね》寝て、お腹《なか》がすいたら竹《たけ》を食《た》べてまた寝《ね》て、しばらくしたらまた竹《たけ》を食《た》べるという行動《こうどう》を繰《く》り返《かえ》す。

これは別《べつ》にタンタンに限《かぎ》ったことではなく、パンダはみんなそういう習性《しゅうせい》をしている。朝《あさ》になると室内《しつない》には食《た》べ残《のこ》した竹《たけ》が散乱《さんらん》し、うんちもあちこちに落《お》ちている。飼育員二人《しいくいんふたり》の一日《いちにち》は、タンタンの部屋《へや》をほうきとちり取《と》りできれいに掃除《そうじ》することから始《はじ》まる。

「食《た》べ残《のこ》しは0・5kg」

食《た》べ残《のこ》した竹《たけ》を集《あつ》めると、梅元《うめもと》は重《おも》さを測《はか》って、ホワイトボードに書《か》き留《と》めた。与《あた》えた量《りょう》と食《た》べ残《のこ》した量《りょう》を毎回測《まいかいはか》ることで、タンタンが何《なん》kgの竹《たけ》を食《た》べたのかを把握《はあく》できる。

タンタンが一日《いちにち》に食《た》べる竹《たけ》の量《りょう》はおよそ10kg。若《わか》いころは15kgほど食《た》べていたが、最近《さいきん》はこのくらいの日《ひ》が多《おお》い。竹《たけ》は長《なが》さ1・8mぐらいに切《き》りそろえられているが、実《じっ》はそのすべてを食《た》べるわけではない。枝《えだ》の部分《ぶぶん》だけを食《た》べたり、葉《は》っぱだけを食《た》べたり、タンタンの気分《きぶん》や竹《たけ》の種類《しゅるい》でどこを食《た》べるかは変《か》わってくる。竹《たけ》の種類《しゅるい》によっては「稈《かん》」と呼《よ》ばれるかたい幹《みき》の部分《ぶぶん》を食《た》べることも。その日《ひ》、どの竹《たけ》のどの部分《ぶぶん》を食《た》べるかはタンタンにしかわからないので、飼育員二人《しいくいんふたり》はいろいろな竹《たけ》を並《なら》べて選《えら》んでもらう。そのため、食《た》べる量《りょう》は10kgでも実際《じっさい》にはその倍近《ばいちか》い量《りょう》を与《あた》えている。

そのほか、大好《だいす》きなタケノコがあるときは2kgほど、リンゴやニンジン、ブドウなどもデザート代《が》わりにペロリ。それを一日《いちにち》6回《かい》の食事《しょくじ》に分《わ》けて与《あた》え、毎回食《まいかいた》べた量《りょう》を記録《きろく》する。もし、食《た》べる量《りょう》が普段《ふだん》よりも少《すく》なければ調子《ちょうし》が悪《わる》い証拠《しょうこ》。人間《にんげん》と同《おな》じで、食事《しょくじ》は健《けん》康《こう》のバロメーターだ。

毎日《まいにち》の健康《けんこう》チェックに欠《か》かせないことは、もうひとつ。

「今日《きょう》は、いいうんちやね。ベチャッとしてなくて、ちょうどいい固《かた》さ」

吉田《よしだ》がちり取《と》りからつまみ上《あ》げたのはタンタンのうんち。サツマイモのような形《かたち》をしていて、色《いろ》は緑色《みどりいろ》。触《さわ》ってみるとパサパサしている。まるで粉々《こなごな》に砕《くだ》いた竹《たけ》のよう。その理由《りゆう》は、パンダが竹《たけ》を十分《じゅうぶん》消化《しょうか》できないことと関係《かんけい》がある。

一般的《いっぱんてき》に、ゾウや馬《うま》など草食動物《そうしょくどうぶつ》の腸《ちょう》は、ライオンなど肉食動物《にくしょくどうぶつ》に比《くら》べはるかに長《なが》い。例《たと》えば、ライオンの腸《ちょう》が4〜5m（体長《たいちょう》の4倍《ばい》）なのに対《たい》し、馬《うま》の腸《ちょう》は40m（体長《たいちょう》の10倍《ばい》）もある。植物《しょくぶつ》の養分《ようぶん》は肉《にく》に比《くら》べて少《すく》ないため、長《なが》い腸《ちょう》で余《あま》すことなく吸収《きゅうしゅう》する必要《ひつよう》があるのだ。これに対《たい》し、パンダの腸《ちょう》の長《なが》さは6〜7m（体長《たいちょう》の4〜5倍《ばい》）ほどで、肉《にく》食動物《しょくどうぶつ》と大《おお》きくは変《か》わらない。

いったいなぜ、主食《しゅしょく》が竹《たけ》のパンダの腸《ちょう》がこんなに短《みじか》いのか？　その理由《りゆう》はパンダの先《せん》祖《ぞ》がたどった進化《しんか》の歴史《れきし》と関係《かんけい》があると考《かんが》えられている。

一説《いっせつ》によるとパンダの先祖《せんぞ》が竹《たけ》を食《た》べるようになったきっかけは、約《やく》300万年前《まんねんまえ》の氷河期《ひょうがき》にさかのぼる。熊《くま》の仲間《なかま》であるパンダの先祖《せんぞ》は元々肉食《もともとにくしょく》だったが、氷河期《ひょうがき》に入《はい》り気温《きおん》が下《さ》がると、エサが少《すく》なくなってしまった。食《た》べ物《もの》を求《もと》め、パンダの先祖《せんぞ》は標高《ひょうこう》1500mを超《こ》える山岳地帯《さんがくちたい》へと暮《く》らしの場《ば》を移《うつ》さなくてはならなくなった。

そこに豊富《ほうふ》にあったのが、寒《さむ》さでも枯《か》れない竹《たけ》。竹《たけ》を食《た》べることで、パンダの先祖《せんぞ》はなんとか生《い》き延《の》びることができたのだ。こうしてパンダは主食《しゅしょく》を肉《にく》から竹《たけ》へと切《き》り替《か》えたが、腸《ちょう》の長《なが》さは短《みじか》いまま。その結果《けっか》、竹《たけ》をうまく消化《しょうか》・吸収《きゅうしゅう》できず、うんちとして排出《はいしゅつ》されるので、竹《たけ》を粉々《こなごな》にしたような状態《じょうたい》で出《で》てくるのだ。

ちなみに、うんちをよく観察《かんさつ》すると、ときどき黄色《きいろ》や白《しろ》っぽいものが落《お》ちていることがある。これはなにもお腹《なか》の調子《ちょうし》が悪《わる》いわけではなく、黄色《きいろ》いうんちはニンジンを、白《しろ》っぽいうんちはリンゴを食《た》べた後《あと》に排出《はいしゅつ》されたもの。食《た》べた順《じゅん》に胃《い》から腸《ちょう》へと送《おく》られ、消《しょう》化《か》しきれないまま「竹《たけ》は緑《みどり》」「ニンジンは黄色《きいろ》」「リンゴは白《しろ》」と色《いろ》が分《わ》かれて排出《はいしゅつ》される。うんちひとつとっても、パンダは本当《ほんとう》に興味深《きょうみぶか》い生《い》きものだということがわかる。

吉田《よしだ》はうんちを手《て》のひらの上《うえ》で半分《はんぶん》に割《わ》ると、問題《もんだい》がないか調《しら》べ始《はじ》めた。普段《ふだん》はサツマイモのような感《かん》じのうんちが、体調《たいちょう》が悪《わる》いと人間《にんげん》と同《おな》じでベチャベチャと下痢《げり》状《じょう》になる。室内《しつない》にあるうんちをひとつひとつ丁寧《ていねい》に確認《かくにん》すると、すべて集《あつ》めて重《おも》さを測定《そくてい》する。

体調《たいちょう》が良《よ》ければ一日《いちにち》10～15kgもうんちをする。うんちもおしっこもタンタンの体調《たいちょう》を知《し》るうえで大切《たいせつ》な情報《じょうほう》のひとつ。毎日《まいにち》記録《きろく》をとることで小《ちい》さな変化《へんか》も見逃《みのが》さない。

パンダコラム

動物園《どうぶつえん》のパンダは何《なに》を食《た》べるの？

パンダの主食《しゅしょく》はもちろん竹《たけ》や笹《ささ》ですが、その種類《しゅるい》はさまざま。王子動物園《おうじどうぶつえん》では孟宗竹《もうそうちく》・真竹《まだけ》・矢竹《やだけ》・淡竹《はちく》・女竹《めだけ》・布袋竹《ほていちく》・四方竹《しほうちく》・唐竹《とうちく》・根曲《ねま》がり竹《だけ》・隈笹《くまざさ》などを季節《きせつ》やタンタンの体調《たいちょう》に応《おう》じて与《あた》えています。

パンダは、竹《たけ》の若《わか》い茎《くき》であるタケノコが大好《だいす》き。その季節《きせつ》になるとタケノコばかりを食《た》べたがります。そのほかニンジンやリンゴ、ブドウは一年中《いちねんじゅう》。夏《なつ》には梨《なし》、秋《あき》には柿《かき》なども食《た》べます。そして変《か》わったものでは「パンダ団子《だんご》」があります。王子動物園《おうじどうぶつえん》では竹《たけ》の葉《は》をミキサーで砕《くだ》いた竹粉《たけこ》に米粉《こめこ》、大豆粉《だいずこ》、トウモロコシ粉《こ》、サトウキビの粉《こな》に塩少々《しおしょうしょう》と黒糖《こくとう》を合《あ》わせ、そこに卵《たまご》と水《みず》を加《くわ》えます。パンの生地《きじ》をこねるようにしっかりと混《ま》ぜ合《あ》わせ、最後《さいご》に1時間《じかん》ほど蒸《む》せば完成《かんせい》です。ほんのり甘《あま》く、素朴《そぼく》な味《あじ》わいだとか。どんな味《あじ》か、気《き》になったらぜひ作《つく》ってみてください！

食《た》べ残《のこ》しとうんちを片付《かたづ》けると、今度《こんど》は床《ゆか》の水洗《みずあら》いに取《と》りかかる。ホースを使《つか》ってジャージャーと勢《いきお》いよく水《みず》をまきながら、梅元《うめもと》と吉田《よしだ》はデッキブラシでごしごし床《ゆか》を洗《あら》い流《なが》す。濡《ぬ》れたままにはしておかず、丁寧《ていねい》に消毒《しょうどく》してからきちんと乾燥《かんそう》させる。実《じつ》はこの消毒《しょうどく》はすごく大事《だいじ》な作業《さぎょう》。

動物園《どうぶつえん》で暮《く》らすタンタンは、私《わたし》たち人間《にんげん》やほかの動物《どうぶつ》を通《つう》じ細菌《さいきん》やウイルスに感染《かんせん》し、病気《びょうき》にかかってしまう恐《おそ》れがある。そうならないよう飼育員《しいくいん》をはじめ動物園《どうぶつえん》スタッフがパンダ舎《しゃ》に入《はい》るときには手洗《てあら》い、そして靴底《くつぞこ》の消毒《しょうどく》を欠《か》かさず行《おこな》う。

タンタンが暮《く》らすエリアもこまめに消毒《しょうどく》することで、タンタンにとって危険《きけん》な細菌《さいきん》やウイルスが侵入《しんにゅう》するのを防《ふせ》いでいる。

「タンタン、お腹《なか》が減《へ》ったの？」

屋内展示場《おくないてんじじょう》と寝室《しんしつ》をつなぐ鉄《てつ》の扉《とびら》の前《まえ》にタンタンが腰《こし》かけているのを見《み》て、梅元《うめもと》が声《こえ》をかけた。扉《とびら》の前《まえ》でちょこんと座《すわ》っているのは『お腹《なか》がすいたから、ごはんちょうだい』の合図《あいず》。タンタンは、バックヤードにいる梅元《うめもと》と吉田《よしだ》が立《た》てる音《おと》を、耳《みみ》を澄《す》まして聞《き》くことで二人《ふたり》がだいたいどこにいるのかを把握《はあく》している。パンダの頭《あたま》についたふたつの黒い耳《みみ》は、ただかわいいだけではない。片方《かたほう》ずつ器用《きよう》に正面《しょうめん》や横《よこ》にピコピコ動《うご》かしながら、小《ちい》さな音《おと》でも聞《き》き逃《のが》さないレーダーのような役割《やくわり》を果《は》たしている。パンダはあまり目《め》が良《よ》くない代《か》わりに耳《みみ》をピコピコ動《うご》かして、周囲《しゅうい》の様子《ようす》を探《さぐ》っているのだ。

『早《はや》くごはんの準備《じゅんび》をして！』と無言《むごん》で圧《あつ》をかけるタンタン。その雰囲気《ふんいき》を察《さっ》した梅元《うめもと》は、すぐに竹《たけ》の準備《じゅんび》に取《と》りかかった。タンタンと長《なが》い付《つ》き合《あ》いの梅元《うめもと》は、しぐさや行動《こうどう》からタンタンの気持《きも》ちがだいたいわかる。そして、タンタンの気持《きも》ちがわかるといえばもう一人《ひとり》の飼育員《しいくいん》、吉田《よしだ》も。

「このへんのはずやけど」

パンダ舎《しゃ》を出《で》て吉田《よしだ》が向《む》かった先《さき》は、動物園内《どうぶつえんない》の遊歩道《ゆうほどう》の脇《わき》にある茂《しげ》み。雑草《ざっそう》に覆《おお》われた茂《しげ》みをガサガサとかき分《わ》けて進《すす》んだ先《さき》に、吉田《よしだ》のお目当《めあ》てがある。

「あった、あった。これこれ。今年《ことし》も生《は》えとった。根曲《ねま》がり竹《だけ》のタケノコ」

タンタンは気《き》に入《い》った竹《たけ》じゃないと口《くち》にしないほどのグルメパンダ。お腹《なか》がすいていても、気《き》に入《い》らない竹《たけ》はほとんど食《た》べない。その好《この》みも季節《きせつ》や気分《きぶん》でコロコロ変《か》わる。竹《たけ》の味《あじ》に対《たい》するこだわりが強《つよ》いタンタンに満足《まんぞく》してもらうため、吉田《よしだ》たちは園内《えんない》8か所《しょ》で4種《しゅ》類《るい》の竹《たけ》や笹《ささ》（根《ね》曲《ま》がり竹《だけ》・布袋竹《ほていちく》・四方竹《しほうちく》・隈笹《くまざさ》）を栽培《さいばい》している。

もちろん園内《えんない》の竹《たけ》だけではタンタンの食事《しょくじ》すべてをまかなうことはできないので、普《ふ》段《だん》は外部《がいぶ》の人《ひと》たちにお願《ねが》いして神戸《こうべ》市内《しない》の竹林《ちくりん》から集《あつ》めてきてもらっている。それでも、体調《たいちょう》が悪《わる》いときや季節《きせつ》の変《か》わり目《め》など、日々《ひび》用意《ようい》する竹《たけ》をタンタンが食《た》べなくなったときには、自《みずか》らが育《そだ》てたとっておきをあげている。タンタンのために最高《さいこう》の竹《たけ》やタケノコをいつも準備《じゅんび》しておく。それこそが吉田《よしだ》のポリシーだ。

吉田《よしだ》は茂《しげ》みの中《なか》で腰《こし》をかがめると、たくさんある竹《たけ》のなかから、まだやわらかいタケノコを探《さが》し始《はじ》めた。長《なが》さは約《やく》15㎝で太《ふと》さは鉛筆《えんぴつ》ほど。この大《おお》きさなら地上《ちじょう》に出《で》てまだ数日《すうじつ》しか経《た》っていないだろう。特《とく》にやわらかくておいしそうな数本《すうほん》を選《えら》ぶと、吉田《よしだ》は指先《ゆびさき》で根《ね》元《もと》をポキンと折《お》って、足早《あしばや》にパンダ舎《しゃ》へ戻《もど》った。鮮度《せんど》が落《お》ちるとせっかくのタケノコの味《あじ》が台無《だいな》しになる。一秒《いちびょう》でも早《はや》く、タンタンの待《ま》つ寝室《しんしつ》に向《む》かわなくては！

「どうだ？　食《た》べるか？」

吉田《よしだ》が柵《さく》の隙間《すきま》からタケノコを差《さ》し入《い》れると、興味《きょうみ》を示《しめ》したタンタンがゆっくり近《ちか》づいてきた。鼻《はな》を寄《よ》せてクンクンにおいをかぐ。タンタンの鼻息《はないき》を柵越《さくご》しに感《かん》じながら、吉田《よしだ》はなりゆきを見《み》つめる。

タンタンの好《この》みは自分《じぶん》なりに把握《はあく》しているつもりだ。それでも、タンタンは味《あじ》にうるさいグルメパンダ。今日《きょう》のタケノコは気《き》に入《い》ってくれるかな？　この瞬間《しゅんかん》はいつも緊張《きんちょう》する。

吉田《よしだ》が差《さ》し出《だ》すタケノコをつかむと……タンタン、ボリボリと食《た》べ始《はじ》めた。

「よかった、よかった。気《き》に入《い》ってくれたみたいやな」

夢中《むちゅう》で食《た》べる様子《ようす》を確《たし》かめると、吉田《よしだ》はホッと胸《むね》をなでおろした。どんなにおいしそうに見《み》える竹《たけ》を選《えら》んでも食《た》べるか食《た》べないかはすべて、タンタンの気分次第《きぶんしだい》。そこで吉田《よしだ》はいつでも別《べつ》の竹《たけ》に交換《こうかん》できるよう、あらかじめ何種類《なんしゅるい》も準備《じゅんび》しているのだ。

ちょっとわがままなタンタンと、二人《ふたり》の飼育員《しいくいん》。

こうした日々《ひび》はもう、10年以上《ねんいじょう》も続《つづ》いている。

パンダコラム

日本《にっぽん》には何頭《なんとう》のパンダがいるの？

2024年《ねん》1月《がつ》の時点《じてん》で日本《にっぽん》にいるジャイアントパンダは9頭《とう》。神戸市立王子動物園《こうべしりつおうじどうぶつえん》にはタンタン。東京都《とうきょうと》の上野動物園《うえのどうぶつえん》には双子《ふたご》のパンダなど4頭《とう》。和歌山県《わかやまけん》のアドベンチャーワールドには、生《う》まれた子《こ》どもたちに「浜《はま》」の文字《もじ》がつけられるパンダファミリー、通称《つうしょう》「浜家《はまけ》」の4頭《とう》が暮《く》らしています。

中国《ちゅうごく》に暮《く》らす野生《やせい》のパンダは絶滅《ぜつめつ》が危惧《きぐ》されており、商業目的《しょうぎょうもくてき》の国際的《こくさいてき》な取引《とりひき》

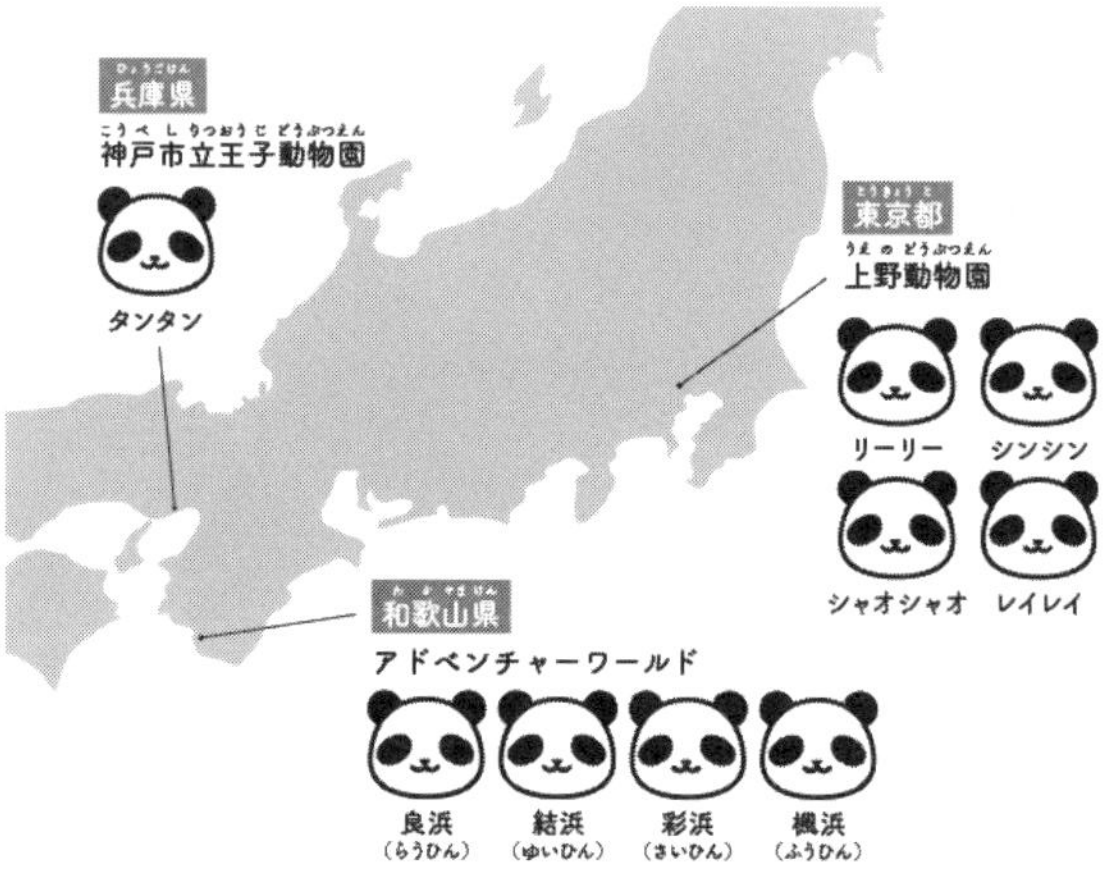

は禁止《きんし》されています。現在《げんざい》、日本《にっぽん》の動物園《どうぶつえん》にいるパンダはすべて※共同研究《きょうどうけんきゅう》を目的《もくてき》に中国《ちゅうごく》から借《か》り受《う》けているので、返還期限《へんかんきげん》が近《ちか》づくと、どうするかを中国《ちゅうごく》と協議《きょうぎ》します。タンタンも2000年《ねん》に日本《にっぽん》に来《き》てから何度《なんど》か返還期限《へんかんきげん》を迎《むか》えました。その都《つ》度《ど》、神戸市《こうべし》と中国側《ちゅうごくがわ》が協議《きょうぎ》して、延長《えんちょう》が認《みと》められてきました。

私《わたし》たちが動物園《どうぶつえん》でかわいいパンダたちと出会《であ》えるのは、動物園《どうぶつえん》の関係者《かんけいしゃ》をはじめ多《おお》くの人《ひと》たちが、パンダが日本《にっぽん》で暮《く》らせるようさまざまな努力《どりょく》をしてくれているおかげなのです。

※日中共同飼育繁殖研究《にっちゅうきょうどうしいくはんしょくけんきゅう》

2.
タンタンが神戸《こうべ》にやってきた！

２０００年《ねん》７月《がつ》16日《にち》。

この日《ひ》の神戸《こうべ》は、暑《あつ》かった。夜《よる》になっても気温《きおん》が30℃近《ちか》くあったが、王子動物園《おうじどうぶつえん》の周辺《しゅうへん》はその暑《あつ》さを上回《うわまわ》る熱気《ねっき》に包《つつ》まれていた。午後《ごご》８時《じ》５分《ふん》、１台《だい》のトラックが動物園《どうぶつえん》に到着《とうちゃく》すると、集《あつ》まった市民《しみん》２００人《にん》から大《おお》きな拍手《はくしゅ》がわき起《お》こった。

荷台《にだい》から箱型《はこがた》の檻《おり》が下《お》ろされ、隙間《すきま》から白《しろ》と黒《くろ》の体《からだ》がちらちら見《み》えると「タンタン！」「コウコウ、こっち向《む》いてー」と歓声《かんせい》が飛《と》んだ。タンタンが雄《おす》のコウコウとともに、神戸《こうべ》の街《まち》に到着《とうちゃく》したのだ。閉園《へいえん》した後《あと》の王子動物園《おうじどうぶつえん》がこれだけ賑《にぎ》やかになったのは、後《あと》にも先《さき》にもこのときだけだっ

た。
タンタンとコウコウは1995年《ねん》に起《お》きた阪神《はんしん》・淡路大震災《あわじだいしんさい》で被災《ひさい》した神戸《こうべ》の人《ひと》たちを励《はげ》ますため、復興《ふっこう》のシンボルとして中国《ちゅうごく》の四川省《しせんしょう》から迎《むか》えられた。二頭《にとう》の名前《なまえ》に関《かん》して面白《おもしろ》いエピソードがある。実《じつ》は「タンタン」と「コウコウ」という名前《なまえ》は来日《らいにち》するにあたり、市民《しみん》からの公募《こうぼ》でつけられた。中国《ちゅうごく》での正式《せいしき》な名前《なまえ》は、雌《めす》（タンタン）が爽爽《シュアンシュアン》。雄《おす》（コウコウ）は錦竹《チンズー》という。

それまで上野動物園《うえのどうぶつえん》やアドベンチャーワールドにパンダが来《き》た際《さい》には、ほとんどの場合《ばあい》中国《ちゅうごく》の名前《なまえ》がそのまま使《つか》われていた。だが神戸《こうべ》に二頭《にとう》が来日《らいにち》するにあたり、市民《しみん》に深《ふか》く親《した》しまれるようにという願《ねが》いから、名前《なまえ》の公募《こうぼ》が行《おこな》われた。応募数《おうぼすう》は4634通《つう》。雌《めす》に対《たい》して一番多《いちばんおお》かった名前《なまえ》は「タンタン」だったが、その漢字表記《かんじひょうき》は「短短《たんたん》」が最多《さいた》だった。名前《なまえ》を考《かんが》えやすいように二頭《にとう》のプロフィールを動物園《どうぶつえん》が公表《こうひょう》したが、そこに「あしが短《みじか》いのがチャーミング」と書《か》かれていたことが影響《えいきょう》したようだ。

響《ひび》きはかわいいが、さすがにあしが短《みじか》いという名前《なまえ》はいかがなものかという意見《いけん》が多《おお》く出《で》たことで、読《よ》み方《かた》は残《のこ》し「旦旦《たんたん》」という漢字《かんじ》があてられた。「旦《たん》」は太陽《たいよう》が昇《のぼ》ることや夜明《よあ》けを意味《いみ》する漢字《かんじ》だ。来《きた》る21世紀《せいき》の幕開《まくあ》けと、震災《しんさい》で暗《くら》く沈《しず》んだ神戸《こうべ》の人《ひと》たちを明《あか》るく照《て》らしてもらおうという意味《いみ》が込《こ》められた。そしてコウコウは復興《ふっこう》を意味《いみ》する「興《こう》」の字《じ》があてられ「興興《こうこう》」という名前《なまえ》に決《き》まった。

ちなみに飼育員《しいくいん》の梅元《うめもと》と吉田《よしだ》はタンタンに呼《よ》びかけるときには、中国名《ちゅうごくめい》「爽爽《シュアンシュアン》」を日《に》本語読《ほんごよ》みして「ソウソウ」と呼《よ》んでいる。だがややこしいので本書《ほんしょ》ではタンタンで統一《とういつ》することにする。

市民《しみん》の盛《も》り上《あ》がりに対《たい》し、受《う》け入《い》れる動物園《どうぶつえん》スタッフの顔《かお》には緊張《きんちょう》の色《いろ》が浮《う》かんでいた。飼育員《しいくいん》たちにとってパンダを飼育《しいく》するのは初《はじ》めてのこと。だが神戸《こうべ》市民《しみん》だけでなく全《ぜん》国《こく》の人《ひと》たちが注目《ちゅうもく》するなか、失敗《しっぱい》するわけにはいかない。

二頭《にとう》を迎《むか》えるにあたり、動物園《どうぶつえん》は飼育員《しいくいん》と獣医師《じゅういし》を事前《じぜん》に中国《ちゅうごく》に派遣《はけん》して、飼育《しいく》と健《けん》康管理《こうかんり》に関《かん》する研修《けんしゅう》を積《つ》んでもらった。いよいよ来日《らいにち》が近《ちか》づくと、3億円《おくえん》を投《とう》じて建設《けんせつ》したパンダ舎《しゃ》では入念《にゅうねん》な準備《じゅんび》が進《すす》められた。

コンクリートや人《ひと》のにおいが染《し》みついていると二頭《にとう》の気《き》が休《やす》まらないのでは、という気《き》遣《づか》いから、到着《とうちゃく》する1週間前《しゅうかんまえ》から部屋《へや》いっぱいに竹《たけ》が敷《し》き詰《つ》められた。これできっと、くつろいでくれるに違《ちが》いない。

「檻《おり》がぶつかるとびっくりしちゃうから、気《き》を付《つ》けて運《はこ》んで」

輸送用《ゆそうよう》の狭《せま》い檻《おり》に入《い》れられたタンタンとコウコウは、動物園《どうぶつえん》に到着《とうちゃく》すると飼育員《しいくいん》たちの手《て》で檻《おり》ごとパンダ舎《しゃ》に運《はこ》び込《こ》まれ、ほのかに竹《たけ》の香《かお》りがする真新《まあたら》しい屋内展示場《おくないてんじじょう》に移《うつ》された。ようやく檻《おり》の入《い》り口《ぐち》が開放《かいほう》されると、中国《ちゅうごく》・四川省《しせんしょう》から約《やく》3200㎞、4日間《よっかかん》にもわたる二頭《にとう》の長大《ちょうだい》な旅《たび》は終《お》わりを告《つ》げた。

人懐《ひとなつ》っこいコウコウはすぐに檻《おり》から出《で》てきて、バリバリと竹《たけ》を食《た》べ始《はじ》めた。それに対《たい》し神経質《しんけいしつ》なタンタンは、慣《な》れない場所《ばしょ》とたくさんの視線《しせん》を警戒《けいかい》してか10分近《ぷんちか》く檻《おり》の中《なか》から新《しん》居《きょ》の様子《ようす》をうかがっていた。そしてようやく一歩《いっぽ》を踏《ふ》み出《だ》すと、神戸《こうべ》の山《やま》で採《と》れた竹《たけ》を口《くち》にして、飼育員《しいくいん》たちを安堵《あんど》させた。これが、王子動物園《おうじどうぶつえん》におけるタンタンたちの最初《さいしょ》のエピソードだった。

一般公開《いっぱんこうかい》は、到着《とうちゃく》から2週間後《しゅうかんご》に決《き》まった。その2日前《ふつかまえ》、震災《しんさい》で被災《ひさい》した子《こ》どもなど1200人《にん》が招待《しょうたい》され、タンタンとコウコウが特別《とくべつ》に公開《こうかい》された。

「ちっちゃくてかわいい！」

初《はじ》めてパンダを間近《まぢか》で見《み》る子《こ》もいて、被《ひ》災《さい》してから暗《くら》く沈《しず》みこむことも多《おお》かった子《こ》どもたちにも笑顔《えがお》が見《み》られた。そして迎《むか》えた一般公開初日《いっぱんこうかいしょにち》。この日《ひ》は朝《あさ》からうだるような暑《あつ》さだったにもかかわらず、午後《ごご》1時《じ》の公開時間《こうかいじかん》には300mもの長《なが》い列《れつ》ができた。

当時《とうじ》、タンタンもコウコウもまだやんちゃ盛《ざか》りで運動場《うんどうじょう》を駆《か》け回《まわ》るほど元気《げんき》

いっぱい。高《たか》さ2m近《ちか》い木《き》の先端《せんたん》まで登《のぼ》ろうとするタンタンに「危《あぶ》ない！　折《お》れる！　降《お》りて」と心配《しんぱい》そうに呼《よ》びかける男《おとこ》の子《こ》や、プールに飛《と》び込《こ》んだタンタンに「クロールして」と声《こえ》をかける女《おんな》の子《こ》など、二頭《にとう》はたちまち動物園《どうぶつえん》のアイドルになった。わずか2か月《げつ》あまりで50万人《まんにん》もが動物園《どうぶつえん》を訪《おとず》れると、観覧者《かんらんしゃ》のなかからはこんな声《こえ》も。

「あんた走《はし》るの速《はや》いねえ、短《みじか》い足《あし》なのに」

短《みじか》い足《あし》で運動場《うんどうじょう》を走《はし》り回《まわ》るタンタンに呼《よ》びかける女性《じょせい》。タンタンの手足《てあし》が短《みじか》くて体《からだ》がまん丸《まる》なことはすぐに話題《わだい》となり、かわいいと評判《ひょうばん》を呼《よ》んだ。

タンタンとコウコウの来日《らいにち》に、神戸《こうべ》の街《まち》は大《おお》いに盛《も》り上《あ》がった。車体《しゃたい》にパンダがデザインされたバスが走《はし》り、近所《きんじょ》の商店街《しょうてんがい》では長《なが》さが110mもある、切《き》り口《くち》がパンダの巨大《きょだい》な太巻《ふとま》き寿司《ずし》を作《つく》るイベントが開《ひら》かれた。洋菓子店《ようがしてん》やパン屋《や》さんではパンダをモチーフにしたケーキやパンが売《う》られ、パンダ音頭《おんど》という盆踊《ぼんおど》りまで作《つく》られた。震災《しんさい》で失《うしな》われた笑顔《えがお》と街《まち》の賑《にぎ》わいを、タンタンたちは取《と》り戻《もど》してくれたのだ。

それから8年後《ねんご》の２００８年《ねん》8月《がつ》。パンダ舎《しゃ》はかつてない緊張感《きんちょうかん》に包《つつ》まれていた。タンタンはぐるぐるぐるぐると、落《お》ち着《つ》きなく寝室《しんしつ》を歩《ある》き回《まわ》っている。

パンダ舎《しゃ》の中《なか》にある飼育員控《しいくいんひか》え室《しつ》では動物園《どうぶつえん》スタッフたちが不安《ふあん》そうな表情《ひょうじょう》を浮《う》かべ、モニターに映《うつ》るタンタンを見《み》つめている。タンタンにとって、初《はじ》めての出産《しゅっさん》が近《ちか》づいていた。雄《おす》のコウコウとの待望《たいぼう》の赤《あか》ちゃんだ。

緊張《きんちょう》の輪《わ》の中《なか》に、飼育員《しいくいん》の梅元《うめもと》の姿《すがた》もあった。梅元《うめもと》はこの年《とし》の春《はる》からタンタンの担当《たんとう》になったばかり。飼育員《しいくいん》としての経験《けいけん》はまだ十分《じゅうぶん》ではなかったが、ひたむきさを買《か》われての大抜擢《だいばってき》だった。

全員《ぜんいん》が固唾《かたず》をのんでモニターを見守《みまも》るなか、ついに、その瞬間《しゅんかん》は訪《おとず》れた。

「出《で》た！　出《で》た！　出《で》た！　出《で》たよ！」

モニターを見《み》つめる梅元《うめもと》たちが思《おも》わず上《うわ》ずった声《こえ》をあげたのは、8月《がつ》26日午後《にちごご》3時《じ》46分《ぷん》。体長約《たいちょうやく》20㎝、体重《たいじゅう》わずか１００gほどの小《ちい》さな赤《あか》ちゃんパンダが誕生《たんじょう》した。トレードマークの白《しろ》と黒《くろ》の毛《け》は生《は》えておらず、ピンク色《いろ》の薄《うす》くてやわらかい皮膚《ひふ》に包《つつ》まれている。まぶたも閉《と》じているため視力《しりょく》はなく、自力《じりき》で歩《ある》くこともできない。ピィーピィーと鳴《な》き声《ごえ》をあげ、体《からだ》をもぞもぞ動《うご》かしている。

　タンタンは赤《あか》ちゃんを優《やさ》しく抱《だ》き上《あ》げると、自分《じぶん》のお腹《なか》にのせてあげた。

「やった！　タンタンがお母《かあ》さんになったぞ」

「生《う》まれた瞬間《しゅんかん》、泣《な》きそうになったよ」

「いやーよかった」

　赤《あか》ちゃんの元気《げんき》な姿《すがた》が確認《かくにん》されると、控《ひか》え室《しつ》につめていたスタッフたちは互《たが》いをねぎらいながら喜《よろこ》びを分《わ》かち合《あ》った。無事《ぶじ》に生《う》まれてくれて、本当《ほんとう》によかった。

　誕生《たんじょう》の喜《よろこ》びをかみしめながらも梅元《うめもと》がなによりも驚《おどろ》いたのは、赤《あか》ちゃんパンダがあげる鳴《な》き声《ごえ》の大《おお》きさだった。手《て》のひらにのせられるほど小《ちい》さいのに、鳴《な》き声《ごえ》はパンダ舎全体《しゃぜんたい》に響《ひび》き渡《わた》るほど大《おお》きかった。

パンダコラム

パンダの赤《あか》ちゃんはどうして小《ちい》さいの？

大人《おとな》になると体重《たいじゅう》が85〜120kgほどに成長《せいちょう》するジャイアントパンダですが、生《う》まれたときはわずか100〜200gしかありません。

多《おお》くの哺《ほ》乳類《にゅうるい》の場合《ばあい》、新生児《しんせいじ》の出生時《しゅっせいじ》の体重《たいじゅう》は大人《おとな》の体重《たいじゅう》の26分《ぶん》の1程度《ていど》とされています。

それに対《たい》しジャイアントパンダの新生児《しんせいじ》の体重《たいじゅう》は大人《おとな》の体重《たいじゅう》の900分《ぶん》の1以下《いか》です。これを人間《にんげん》にあてはめると、3kgで生《う》まれた赤《あか》ちゃんは将来《しょうらい》2700kgを超《こ》

えてしまう計算《けいさん》になりますが、もちろんそんな人《ひと》はいません。

なぜジャイアントパンダに限《かぎ》ってこんなに小《ちい》さく生《う》まれるのか、その理由《りゆう》は解明《かいめい》されていません。でも最近《さいきん》の研究《けんきゅう》でパンダの赤《あか》ちゃんはほかの動物《どうぶつ》と比《くら》べ、はるかに未成熟《みせいじゅく》な段階《だんかい》で生《う》まれてきていることがわかりました。

アメリカのデューク大学《だいがく》の研究《けんきゅう》チームが2019年《ねん》に発表《はっぴょう》した論文《ろんぶん》によると、生《う》まれたばかりのパンダの赤《あか》ちゃんとほかの動物《どうぶつ》の赤《あか》ちゃんを比較《ひかく》すると、骨格《こっかく》は70％程度《ていど》しか発達《はったつ》していないことがわかりました。当然《とうぜん》、十分《じゅうぶん》発達《はったつ》していないので満足《まんぞく》に動《うご》くことはできません。生《う》まれたとき、閉《と》じたままの目《め》は8週間《しゅうかん》ほどかけて開《あ》きます。また、よちよち歩《ある》きを始《はじ》めるまでに3か月《げつ》もかかります。馬《うま》や牛《うし》の赤《あか》ちゃんが生《う》まれてすぐ立《た》ち上《あ》がることと比《くら》べると、はるかに遅《おそ》い感《かん》じがします。

いったいなぜ、パンダだけこんな状態《じょうたい》で生《う》まれてくるのかは謎《なぞ》に包《つつ》まれています。本当《ほんとう》に神秘的《しんぴてき》な生《い》きものだと感《かん》じずにはいられません。

無事誕生《ぶじたんじょう》したからといって安心《あんしん》はできない。赤《あか》ちゃんパンダの飼育《しいく》は、ここからが正念場《しょうねんば》だ。母親《ははおや》の胎内《たいない》で十分《じゅうぶん》に成熟《せいじゅく》しないまま産《う》み落《お》とされるパンダの赤《あか》ちゃんは、当然《とうぜん》体《からだ》が弱《よわ》い。動物園《どうぶつえん》では万全《ばんぜん》を期《き》すため、出産《しゅっさん》に合《あ》わせて中国《ちゅうごく》・四川省《しせんしょう》にある臥龍《がりゅう》パンダ保護研究《ほごけんきゅう》センターからパンダ研究《けんきゅう》の専門家《せんもんか》を迎《むか》えることにしていた。

ところが、出産《しゅっさん》を控《ひか》えた5月《がつ》12日《にち》、思《おも》ってもみなかったことが起《お》きた。マグニチュード7・9の四川大地震《しせんおおじしん》が発生《はっせい》。震源地《しんげんち》に近《ちか》い研究《けんきゅう》センターも壊滅的《かいめつてき》な被害《ひがい》を受《う》け、専門家《せんもんか》の来日《らいにち》はかなわなくなった。小《ちい》さな命《いのち》は、育児経験《いくじけいけん》のないタンタンと梅元《うめもと》ら動物園《どうぶつえん》スタッフの手《て》にゆだねられた。

タンタンは母乳《ぼにゅう》をねだる赤《あか》ちゃんをなめたり胸《むね》の上《うえ》にのせたりしながら、自分自身《じぶんじしん》は食事《しょくじ》もほとんどとらず一生懸命《いっしょうけんめい》、世話《せわ》に打《う》ち込《こ》んだ。

梅元《うめもと》たちもタンタンの母乳《ぼにゅう》が出《で》なくなったときに備《そな》え、パンダの赤《あか》ちゃん専用《せんよう》の粉《こな》ミルクを用意《ようい》したり、赤《あか》ちゃんの体温《たいおん》が下《さ》がったときのために大量《たいりょう》の毛布《もうふ》や保育器《ほいくき》を準備《じゅんび》したりして、24時間体制《じかんたいせい》で見守《みまも》った。こうして最《もっと》も死亡《しぼう》リスクが高《たか》いといわれる生後《せいご》72時《じ》間《かん》を、なんとか無事《ぶじ》に乗《の》り越《こ》えることができた。

このまま順調《じゅんちょう》に育《そだ》っていってくれればと願《ねが》った矢先《やさき》、事態《じたい》は急変《きゅうへん》した。

誕生《たんじょう》から4日目《よっかめ》。

モニターでタンタンと赤《あか》ちゃんの様子《ようす》を見《み》ていたスタッフが、声《こえ》をあげた。

「赤《あか》ちゃんが動《うご》いてないぞ」

さっきまで大《おお》きな声《こえ》で鳴《な》いていた赤《あか》ちゃんが、コンクリートの床《ゆか》に横《よこ》たわっている。タンタンも異常《いじょう》を感《かん》じとったのか、ぺろぺろと必死《ひっし》に赤《あか》ちゃんをなめている。

「すぐパンダ舎《しゃ》に来《き》てください。赤《あか》ちゃんが動《うご》いていません」

知《し》らせを受《う》けた獣医師《じゅういし》があわててかけつけると、寝室《しんしつ》で横《よこ》たわる赤《あか》ちゃんを手《て》に取《と》った。聴診器《ちょうしんき》をあてる様子《ようす》を梅元《うめもと》たちは祈《いの》るような気持《きも》ちで見《み》ていたが、獣医師《じゅういし》は悔《くや》しそうな顔《かお》で首《くび》を横《よこ》に振《ふ》った。

神戸《こうべ》の人《ひと》たちが会《あ》えるのを心待《こころま》ちにしていた赤《あか》ちゃんパンダは、誕生《たんじょう》からわずか4日目《よっかめ》、その短《みじか》い生涯《しょうがい》に幕《まく》を閉《と》じた。検死《けんし》の結果《けっか》、死因《しいん》は栄養失調《えいようしっちょう》。ちゃんと授乳《じゅにゅう》していたように見《み》えていたのに、どうしてそんなことに……。

タンタンが赤《あか》ちゃんを世話《せわ》する様子《ようす》をモニターで見守《みまも》っていた梅元《うめもと》には、ひとつ思《おも》いあたる節《ふし》があった。それはタンタンが、何度《なんど》も赤《あか》ちゃんを床《ゆか》に落《お》としていたこと。

一般的《いっぱんてき》に、お母《かあ》さんパンダはパンダ座《ずわ》りで姿勢《しせい》を安定《あんてい》させて赤《あか》ちゃんの世話《せわ》をする。ところがタンタンは骨格的《こっかくてき》な問題《もんだい》もあるためか、赤《あか》ちゃんを世話《せわ》するときにパンダ座《ずわ》りをしていなかったという。体勢《たいせい》を変《か》えながら抱《だ》こうとしたが、手足《てあし》が短《みじか》いこともあってうまく安定《あんてい》させられず、赤《あか》ちゃんを床《ゆか》に落《お》としてばかりいた。

手足《てあし》が短《みじか》く、体《からだ》が小《ちい》さいこと。そして上品《じょうひん》そうな姿勢《しせい》で食事《しょくじ》をとることから見《み》る者《もの》をひきつけ〝神戸《こうべ》のお嬢《じょう》さま〟と呼《よ》ばれるタンタン。そのチャームポイントが、赤《あか》ちゃんを育《そだ》てるうえではデメリットになってしまったのかもしれない。

「なんとか赤《あか》ちゃんを安定《あんてい》させようと懸命《けんめい》に世話《せわ》していたんだけど……。タンタンは本当《ほんとう》に、母性《ぼせい》が強《つよ》いパンダなのに……」

赤《あか》ちゃんが息《いき》を引《ひ》き取《と》った後《あと》も、タンタンはその小《ちい》さな体《からだ》を放《はな》さず、ずっとずっと、なめ続《つづ》けていた。その様子《ようす》を呆然《ぼうぜん》と見《み》つめながら、梅元《うめもと》は自分《じぶん》の無力《むりょく》さとタンタンに何《なに》もしてやれなかった悔《くや》しさで、心《こころ》が張《は》り裂《さ》けそうだった。

赤《あか》ちゃんが亡《な》くなった2年後《ねんご》、さらなる悲劇《ひげき》がタンタンを襲《おそ》った。パートナーである雄《おす》のコウコウが、突然《とつぜん》、命《いのち》を落《お》とした。赤《あか》ちゃん、コウコウと次々《つぎつぎ》に亡《な》くし、動物園《どうぶつえん》に一頭《いっとう》だけ残《のこ》されたタンタン。

その境遇《きょうぐう》に観覧者《かんらんしゃ》たちは心《こころ》を痛《いた》め、より強《つよ》くタンタンを応援《おうえん》するようになった。

パンダの出産《しゅっさん》シーズンである夏《なつ》が近《ちか》づくと、タンタンは見《み》る人《ひと》の心《こころ》を揺《ゆ》さぶるある行動をとるようになる。

「あー、竹《たけ》を抱《だ》いちゃっているね」

コウコウの死《し》から10年《ねん》が経《た》った2020年《ねん》の8月《がつ》、タンタンの様子《ようす》をうかがっていた梅《うめ》元《もと》は、ため息《いき》をつきながらつぶやいた。屋内展示場《おくないてんじじょう》にいるタンタンが、タイヤに座《すわ》りながら両手《りょうて》で竹《たけ》を抱《かか》えている。

食《た》べるのかとしばらく待《ま》っていても口《くち》に入《い》れる素振《そぶ》りは見《み》せない。ただ竹《たけ》を抱《だ》き、ときどき口元《くちもと》に寄《よ》せてはぺろぺろとなめるだけ。これは梅元《うめもと》たちが「偽育児《ぎいくじ》」と呼《よ》んでいる行《こう》動《どう》。タンタンは出産《しゅっさん》したつもりになって、竹《たけ》を赤《あか》ちゃんに見立《みた》てて抱《だ》いているのだ。

出産《しゅっさん》シーズンである夏《なつ》が近《ちか》づくと、竹《たけ》などを抱《だ》いて手放《てばな》さなくなる。この偽育児《ぎいくじ》、タンタンだけが特別《とくべつ》なわけではなく、雌《めす》のパンダに見《み》られる生態《せいたい》。それでも、ずっとそばで見守《みまも》ってきた梅元《うめもと》や多《おお》くの観覧者《かんらんしゃ》には、この行動《こうどう》を見《み》るたび感《かん》じることがある。

「赤《あか》ちゃんに触《ふ》れてから、あの子《こ》の中《なか》で母性《ぼせい》がめばえてしまったのかな……」

梅元《うめもと》が静《しず》かにつぶやいた。

「さあ、どうしようかね？」

控《ひか》え室《しつ》で梅元《うめもと》は、吉田《よしだ》に声《こえ》をかけた。

「どうするも何《なに》も、竹《たけ》をしっかり食《た》べてもらわな、あかんやろ」

偽育児《ぎいくじ》は長《なが》いときにはひと月以上《つきいじょう》も続《つづ》く。その間《あいだ》、食事《しょくじ》の量《りょう》が極端《きょくたん》に落《お》ちてしまう。すでにこのころ、タンタンの体重《たいじゅう》は減《へ》り始《はじ》めていた。調子《ちょうし》がいいときは88kg近《ちか》くあるのに、この日《ひ》の朝《あさ》に測《はか》ったときには83kgしかなかった。つまり、5kgも減《へ》っていることになる。このまま放《ほう》っておけば深刻《しんこく》な事態《じたい》に陥《おちい》る恐《おそ》れがある。

吉田《よしだ》が指摘《してき》するようになんとかして竹《たけ》を食《た》べさせなくてはならないが、問題《もんだい》はその方《ほう》法《ほう》。すると吉田《よしだ》が控《ひか》え室《しつ》にある電話《でんわ》の受話器《じゅわき》をつかみ、どこかにかけ始《はじ》めた。

「もしもし、明日《あした》とってきてもらう孟宗竹《もうそうちく》、ちょっと量《りょう》を増《ふ》やしてもらえませんか？」

電話《でんわ》の相手《あいて》は、山《やま》から竹《たけ》を採《と》ってきてくれる地元《じもと》の笹部会《ささぶかい》の岩野憲夫《いわののりお》。笹部会《ささぶかい》は岩野《いわの》を含《ふく》め3人《にん》のおじいさんが中心《ちゅうしん》となって活動《かつどう》しており、〝竹取《たけとり》の翁《おきな》〟とも呼《よ》ばれている。

その活動《かつどう》は週《しゅう》3回《かい》、神戸市内《こうべしない》の山《やま》でタンタンが食《た》べる竹《たけ》を採取《さいしゅ》して届《とど》けること。寒《さむ》くても暑《あつ》くても雨《あめ》が降《ふ》っていても、山《やま》に分《わ》け入《い》って竹《たけ》を切《き》ってこなくてはならないので、その仕事《しごと》は想像以上《そうぞういじょう》に過酷《かこく》だ。山《やま》には孟宗竹《もうそうちく》、矢竹《やだけ》、淡竹《はちく》、女竹《めだけ》、四方竹《しほうちく》、唐竹《とうちく》、真竹《まだけ》の7種類《しゅるい》と季節《きせつ》によってそれぞれのタケノコが生《は》えている。そのなかから吉田《よしだ》と梅元《うめもと》がチョイスした、そのときにタンタンが食《た》べそうなものを採《と》ってくる。

もちろん、グルメなタンタンの厳《きび》しい要求《ようきゅう》にこたえるため、普段《ふだん》から数種類《すうしゅるい》の竹《たけ》を採《と》ってきてもらっているが、いまはそれに加《くわ》え偽育児《ぎいくじ》の期間《きかん》に入《はい》っているので余計《よけい》、食《た》べることへの興味《きょうみ》を失《うしな》っている。吉田《よしだ》はこれまでの経験《けいけん》と、山《やま》に生《は》えている竹《たけ》の生育状況《せいいくじょうきょう》などを考《かんが》えた結果《けっか》、新鮮《しんせん》な孟宗竹《もうそうちく》なら食《た》べてくれるのでは、と予想《よそう》を立《た》てた。どの竹《たけ》ならタンタンが食《た》べてくれるのかは、与《あた》えてみないとわからない。それでも吉田《よしだ》は、経験《けいけん》に基《もと》づいてタンタンが食《た》べそうな竹《たけ》を予想《よそう》する。

「おはようございます」

次《つぎ》の朝《あさ》、軽《けい》トラックの荷台《にだい》いっぱいに新鮮《しんせん》な竹《たけ》を積《つ》んで、〝竹取《たけとり》の翁《おきな》〟こと岩野《いわの》が動物《どうぶつ》園《えん》にやってきた。

「これはおいしそうやね」

この日《ひ》が休《やす》みの吉田《よしだ》に代《か》わり、梅元《うめもと》が届《とど》いた竹《たけ》の状態《じょうたい》を確《たし》かめる。

「青々《あおあお》とした葉《は》っぱを選《えら》んだつもりだけど、気難《きむずか》しいからなあ、タンタンは」

来日以来《らいにちいらい》、ずっとタンタンのために竹《たけ》を集《あつ》めてきた岩野《いわの》。そのグルメぶりに振《ふ》り回《まわ》される日々《ひび》だが、それでも自分《じぶん》たちが探《さが》し集《あつ》めてきた竹《たけ》を、おいしそうに食《た》べてくれるのは何《なに》よりもうれしい。

「タンタンの調子《ちょうし》はどう？」

「変《か》わらないねえ。でもこの竹《たけ》なら気《き》に入《い》ってくれるかも」

心配《しんぱい》そうに尋《たず》ねる岩野《いわの》に梅元《うめもと》はつとめて明《あか》るく答《こた》えた。

岩野《いわの》の軽《けい》トラックを見送《みおく》ると、梅元《うめもと》は採《と》れたての竹《たけ》をパンダ舎《しゃ》にある竹専用《たけせんよう》の冷蔵庫《れいぞうこ》に運《はこ》び込《こ》んだ。ひんやりした室内《しつない》には水《みず》が張《は》られたポリバケツがいくつも置《お》かれている。梅《うめ》元《もと》は竹《たけ》を種類《しゅるい》ごとに分《わ》けて根元《ねもと》が水《みず》につかるよう置《お》くと、一度《いちど》控《ひか》え室《しつ》に戻《もど》っていった。

採《と》れたての竹《たけ》をすぐにあげるのかと思《おも》いきや、梅元《うめもと》はなかなか準備《じゅんび》を始《はじ》めない。タンタンの様子《ようす》をじっとモニターで確認《かくにん》している。タンタンはいま眠《ねむ》っているので無理《むり》に起《お》こして竹《たけ》をあげても機嫌《きげん》をそこねてしまうだけ。目《め》を覚《さ》ますのを待《ま》つつもりだ。

偽育児《ぎいくじ》で体重《たいじゅう》を落《お》としているタンタンに、すぐにでも竹《たけ》を食《た》べてもらいたい。それでも、すべてのことはタンタンファースト。人間《にんげん》の思惑《おもわく》よりも、タンタンの意思《いし》を一番《いちばん》に考《かんが》える。タンタンが自《みずか》ら目覚《めざ》めるタイミングを、梅元《うめもと》はただひたすらじっと待《ま》つ。

1時間後《じかんご》。ようやく目《め》を覚《さ》ました。

「いまがチャンス！」

梅元《うめもと》はすぐに竹《たけ》の冷蔵庫《れいぞうこ》に向《む》かい、採《と》れたての孟宗竹《もうそうちく》を入《い》れたバケツから特《とく》に青々《あおあお》と葉《は》が茂《しげ》ったものを手《て》に取《と》っていく。一本一本《いっぽんいっぽん》、いつも以上《いじょう》に時間《じかん》をかけ慎重《しんちょう》に選《えら》ぶと、ホースで葉《は》っぱに水《みず》をかける。鮮度《せんど》を保《たも》つと同時《どうじ》に、タンタンに竹《たけ》と一緒《いっしょ》に水分《すいぶん》も補給《ほきゅう》してもらうためだ。準備《じゅんび》を終《お》えると、梅元《うめもと》は竹《たけ》を肩《かた》に担《かつ》いで屋内展示場《おくないてんじじょう》に入《はい》っていく。

どうかタンタンに、食《た》べてもらってくれ——

梅元《うめもと》は念《ねん》じるように竹《たけ》を丁寧《ていねい》に並《なら》べていく。

「お腹《なか》すいたでしょ、ごはんに行《い》っといで」

梅元《うめもと》が扉《とびら》を開《ひら》くと、寝室《しんしつ》のタンタンは首《くび》をもたげてゆっくりと起《お》き上《あ》がった。偽育児《ぎいくじ》中《ちゅう》のため、足取《あしど》りは普段《ふだん》よりも重《おも》い。孟宗竹《もうそうちく》に近《ちか》づいていくタンタンを、梅元《うめもと》は屋内展示《おくないてんじ》場《じょう》を見渡《みわた》せるバックヤードの小窓《こまど》から、祈《いの》るような気持《きも》ちで見《み》つめている。

タンタンはタイヤに座《すわ》ると、置《お》いてある竹《たけ》に手《て》を伸《の》ばした。つかんでは、においをかいで置《お》く、つかんでは、においをかいで置《お》く、という動《うご》きを繰《く》り返《かえ》す。なかなか食《た》べようとしない。やっぱり今日《きょう》もダメなのか？　あきらめかけたそのとき、タンタンがそれまでの孟宗竹《もうそうちく》とは太《ふと》さの異《こと》なる細《ほそ》い竹《たけ》を手《て》に取《と》り、においをかいだ。

クンクン　クンクン

そしてゆっくりと口《くち》に運《はこ》ぶとモシャモシャと食《た》べ始《はじ》めた。実《じつ》はこの竹《たけ》、梅元《うめもと》が孟宗竹《もうそうちく》の間《あいだ》に隠《かく》しておいた根曲《ねま》がり竹《だけ》。根曲《ねま》がり竹《だけ》はタンタンのお気《き》に入《い》りだが、神戸《こうべ》の山《やま》にはほとんど生《は》えていない。これは吉田《よしだ》たちが3年前《ねんまえ》から園内《えんない》で育《そだ》てている、とっておきだ。梅元《うめもと》は、孟宗竹《もうそうちく》がダメだったときに備《そな》え、根曲《ねま》がり竹《だけ》を密《ひそ》かに忍《しの》ばせていたのだ。

ムシャムシャ　バリバリ

根曲《ねま》がり竹《だけ》がタンタンの食欲《しょくよく》に火《ひ》をつけたのか、続《つづ》けて孟宗竹《もうそうちく》も手《て》に取《と》った。この日《ひ》タンタンは、久《ひさ》しぶりにもりもりと竹《たけ》を食《た》べてくれた。

食後《しょくご》、気《き》になる体重《たいじゅう》を確認《かくにん》すると85kg。前日《ぜんじつ》に比《くら》べて2kg、増《ふ》えている。お腹《なか》がいっぱいになると、こちらの心配《しんぱい》などお構《かま》いなしにごろごろと横《よこ》になるタンタンを見《み》つめながら、梅元《うめもと》はうれしそうに目《め》を細《ほそ》めた。

タンタンの世話《せわ》をしていて、自分《じぶん》たち飼育員《しいくいん》の思《おも》いどおりになることはほとんどない。それでも梅元《うめもと》は常《つね》に予測《よそく》を立《た》て、先回《さきまわ》りして行動《こうどう》に移《うつ》していく。言葉《ことば》を話《はな》せないタンタンに対《たい》し、どんな小《ちい》さな変化《へんか》でも気《き》づくことを一番大切《いちばんたいせつ》にしている。

梅元良次《うめもとりょうじ》が王子動物園《おうじどうぶつえん》の飼育員《しいくいん》になったのは、ほんの偶然《ぐうぜん》からだった。

王子動物園《おうじどうぶつえん》の近所《きんじょ》で生《う》まれ、子《こ》どものころから動物《どうぶつ》が大好《だいす》き。おじいちゃんとおばあちゃんに連《つ》れられ、よく遊《あそ》びに来《き》ていた。

飼育員《しいくいん》になったのは中学校《ちゅうがっこう》を卒業《そつぎょう》した15歳《さい》のとき。定時制高校《ていじせいこうこう》に通《かよ》いながら、神戸市《こうべし》の職員《しょくいん》に採《さい》

用《よう》されると、王子動物園《おうじどうぶつえん》に配属《はいぞく》された。

まさか、子《こ》どものころ何度《なんど》となく遊《あそ》びに来《き》ていた王子動物園《おうじどうぶつえん》で働《はたら》くことになるとは！　決《き》まったときの驚《おどろ》きは、いまも忘《わす》れられない。最初《さいしょ》に担当《たんとう》したのはフラミンゴ。その後《ご》ペンギンやアシカ、アリクイ、オランウータン、爬虫類《はちゅうるい》などを経験《けいけん》し、タンタンの担当《たんとう》になったのは飼育員《しいくいん》になって11年目《ねんめ》のことだ。

誰《だれ》もが注目《ちゅうもく》するパンダを担当《たんとう》することになった緊張《きんちょう》から、はじめのころは夜《よる》もよく眠《ねむ》れなかった。以来《いらい》ずっと、タンタンの飼育《しいく》をまかされてきた。そんな梅元《うめもと》には、飼育員《しいくいん》としてひとつの信念《しんねん》がある。

――自分《じぶん》たち飼育員《しいくいん》は、動物《どうぶつ》たちの「命《いのち》」を預《あず》かっている。

動物園《どうぶつえん》は野生《やせい》と違《ちが》って、動物《どうぶつ》が自分《じぶん》の力《ちから》で生《い》きていくことはできない。動物《どうぶつ》が元気《げんき》で過《す》ごせるかどうかは、飼育員《しいくいん》の判断《はんだん》と迅速《じんそく》な行動《こうどう》が大《おお》きな鍵《かぎ》をにぎっている。

タンタンが元気《げんき》で過《す》ごすためには、梅元《うめもと》と吉田《よしだ》がいつもタンタンの体調《たいちょう》を整《ととの》え、食《た》べ物《もの》を用意《ようい》しなければならない。小《ちい》さな異変《いへん》も、決《けっ》して見逃《みのが》してはならない。梅元《うめもと》はどんなときもタンタンの命《いのち》を預《あず》かっているという覚悟《かくご》をもって、一日一日《いちにちいちにち》タンタンと向《む》き合《あ》っている。

この後《あと》、偽育児《ぎいくじ》の行動《こうどう》は少《すこ》しずつ落《お》ち着《つ》き、タンタンは普段《ふだん》の様子《ようす》を取《と》り戻《もど》した。竹《たけ》を食《た》べる量《りょう》と回数《かいすう》も増《ふ》え、体重《たいじゅう》もいつもどおりに戻《もど》っていった。

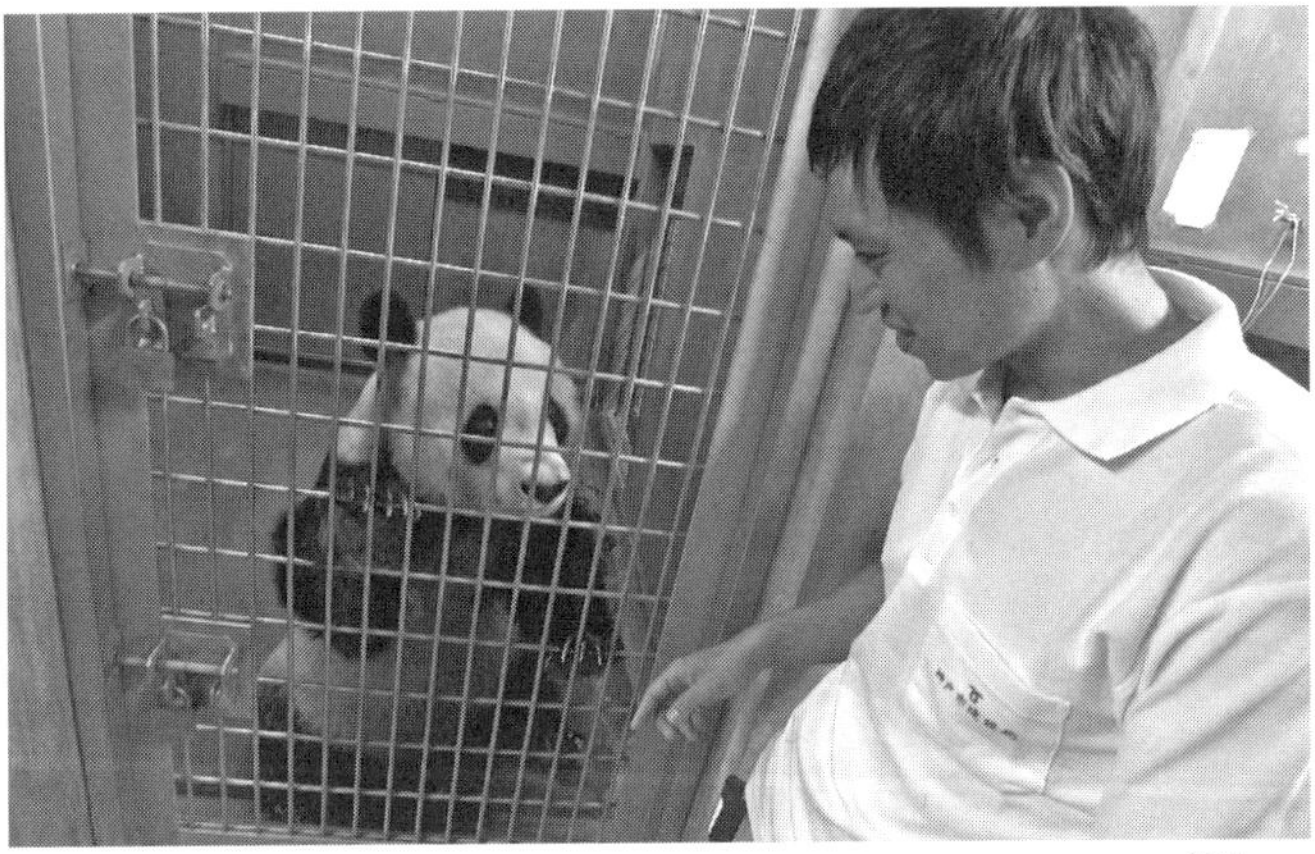

梅元《うめもと》さん

パンダコラム

パンダの飼育員《しいくいん》になるには？

この本《ほん》を読《よ》んでいる人《ひと》のなかには、大好《だいす》きなパンダの飼育員《しいくいん》になりたい！　と願《ねが》っている人《ひと》もいるのではないでしょうか？
でも、いきなりパンダの飼育員《しいくいん》になるのは難《むずか》しいので、まずはどうすれば動物園《どうぶつえん》の飼《し》育員《いくいん》になれるのか考《かんが》えてみましょう。

　飼育員《しいくいん》の仕事《しごと》で大《おお》きな割合《わりあい》を占《し》めるのはもちろん動物《どうぶつ》の世話《せわ》ですが、それだけではありません。来園者《らいえんしゃ》に動物《どうぶつ》の生態《せいたい》や魅力《みりょく》を解説《かいせつ》することもあれば、動物《どうぶつ》が暮《く》らす獣《じゅう》

舎《しゃ》が傷《いた》んだときには大工道具《だいくどうぐ》を使《つか》って直《なお》すこともあります。

そしてもうひとつ、動物園《どうぶつえん》の飼育員《しいくいん》は「種《しゅ》の保存《ほぞん》」という役割《やくわり》も担《にな》っています。動《どう》物園《ぶつえん》にはパンダをはじめ、絶滅《ぜつめつ》が危惧《きぐ》されている動物《どうぶつ》がたくさんいます。そうした希《き》少動物《しょうどうぶつ》の繁殖《はんしょく》にも取《と》り組《く》まなければなりません。

動物《どうぶつ》たちが穏《おだ》やかに暮《く》らせるよう世話《せわ》をし、希少《きしょう》な動物《どうぶつ》を増《ふ》やすよう努《つと》め、動物《どうぶつ》園《えん》を訪《おとず》れる人《ひと》たちに動物《どうぶつ》たちの魅力《みりょく》を伝《つた》える。これらすべてが飼育員《しいくいん》の仕事《しごと》です。

動物園《どうぶつえん》には、東京都《とうきょうと》や神戸市《こうべし》など地方自治体《ちほうじちたい》が運営《うんえい》する「公立《こうりつ》の動物園《どうぶつえん》」と、一《いっ》般《ぱん》の企業《きぎょう》が運営《うんえい》する「民間《みんかん》の動物園《どうぶつえん》」があります。どちらも多《おお》くの場合《ばあい》は、採用試《さいようし》験《けん》を受《う》けるための特別《とくべつ》な資格《しかく》は必要《ひつよう》ありません。

それでも動物《どうぶつ》の生態《せいたい》を知《し》っておくに越《こ》したことはないので動物《どうぶつ》にかかわる分野《ぶんや》を勉《べん》強《きょう》しておくと、飼育員《しいくいん》になったとき生《い》かすことができます。

そのほか、たくさんのエサや重《おも》い檻《おり》などを運《はこ》ぶために軽《けい》トラックなどを運転《うんてん》することもあるので、自動車運転免許《じどうしゃうんてんめんきょ》はとっておくといいかもしれません。

3.

タンタン、中国《ちゅうごく》に帰《かえ》る

穏《おだ》やかな日差《ひざ》しが王子動物園《おうじどうぶつえん》に降《ふ》り注《そそ》ぐなか、吉田《よしだ》と梅元《うめもと》はリアカーを押《お》していた。涼《すず》しくなり始《はじ》めた9月《がつ》にもかかわらず、よほど重《おも》いのか二人《ふたり》の額《ひたい》からは玉《たま》の汗《あせ》がしたたり落《お》ちている。荷台《にだい》に積《つ》まれているのは、あふれんばかりの氷《こおり》だ。

「これでケーキの試作品《しさくひん》が作《つく》れるね」

梅元《うめもと》の呼《よ》びかけに吉田《よしだ》も笑顔《えがお》で答《こた》える。

「どんなのになるか楽《たの》しみやな」

9月《がつ》16日《にち》はタンタン25歳《さい》の誕生日《たんじょうび》。二人《ふたり》は大量《たいりょう》の氷《こおり》を使《つか》って、タンタンのためにバースデーケーキを作《つく》るつもりだ。

コンコン　コツコツ　コン

パンダ舎《しゃ》のバックヤードに、氷《こおり》を鑿《のみ》で削《けず》る音《おと》が響《ひび》く。大《おお》きな氷《こおり》を削《けず》って飾《かざ》りを作《つく》ろうと、吉田《よしだ》が真剣《しんけん》な表情《ひょうじょう》で氷《こおり》と格闘《かくとう》している。毎年《まいとし》、タンタンのケーキ作《づく》りに情熱《じょうねつ》を注《そそ》ぐ吉田《よしだ》は、周《まわ》りから〝氷《こおり》のパティシエ〟と呼《よ》ばれるほどだ。

二人《ふたり》がタンタンのバースデーケーキを作《つく》り始《はじ》めたのは7年前《ねんまえ》のこと。以来《いらい》、手作《てづく》りのケーキで誕生日《たんじょうび》を祝《いわ》ってきた。氷《こおり》で土台《どだい》を作《つく》り、タンタンが大好《だいす》きなリンゴやブドウ、

タンタン24歳《さい》のお祝《いわ》い

ニンジンで飾《かざ》りやイラストを施《ほどこ》す。年々《ねんねん》デザインは複雑《ふくざつ》になり、サイズも大《おお》きくなっている。1年前《ねんまえ》にはついに、高《たか》さが1mを超《こ》えた。

果《は》たして今年《ことし》は、どんなケーキを作《つく》るつもりなのか？　控《ひか》え室《しつ》で作戦会議《さくせんかいぎ》が開《ひら》かれると、腕組《うでぐ》みをしながら考《かんが》え込《こ》んでいた吉田《よしだ》が力強《ちからづよ》く宣言《せんげん》した。

「今年《ことし》は集大成《しゅうたいせい》やから。いままで試《ため》したことを全部《ぜんぶ》、盛《も》り込《こ》まんと」

梅元《うめもと》も吉田《よしだ》の意見《いけん》に大《おお》きくうなずく。

「そうね。全部合体《ぜんぶがったい》させてすごいのを作《つく》ろうよ」

目指《めざ》しているのは、去年《きょねん》を上回《うわまわ》るス

ケールとデザイン。今年《ことし》、二人《ふたり》がこんなにケーキ作《づく》りに力《ちから》を注《そそ》いでいるのには訳《わけ》がある。新型《しんがた》コロナウイルスの影響《えいきょう》が落《お》ち着《つ》いたら、タンタンを中国《ちゅうごく》に返還《へんかん》することが決《き》まったのだ。

パンダはほかの動物《どうぶつ》と異《こと》なり、共同研究《きょうどうけんきゅう》を目的《もくてき》に中国《ちゅうごく》から借《か》り受《う》けている。返還期限《へんかんきげん》が近《ちか》づくと延長《えんちょう》するかを神戸市《こうべし》と中国側《ちゅうごくがわ》で協議《きょうぎ》して決《き》める。2000年《ねん》に来日《らいにち》したタンタンは10年目《ねんめ》と15年目《ねんめ》に期限《きげん》を迎《むか》え、2回《かい》とも延長《えんちょう》されてきた。ところが20年目《ねんめ》を迎《むか》える今年《ことし》、老後《ろうご》を中国《ちゅうごく》の施設《しせつ》で過《す》ごしてもらうため、返還《へんかん》されることが決《き》まったのだ。

管理事務所《かんりじむしょ》に呼《よ》ばれ、タンタンを返還《へんかん》することになったと告《つ》げられた梅元《うめもと》は、思《おも》わず耳《みみ》を疑《うたが》った。まさか25歳《さい》になるこのタイミングで中国《ちゅうごく》に返《かえ》すことになるとは。もちろん、期限《きげん》を迎《むか》えるたび返還《へんかん》の可能性《かのうせい》があることは理解《りかい》している。それでも、高齢《こうれい》になったタンタンを飛行機《ひこうき》にのせてまで中国《ちゅうごく》に連《つ》れて帰《かえ》ることになるとは予想《よそう》していなかった。

「なんでいま突然《とつぜん》……こんなタイミングで……」

管理事務所《かんりじむしょ》からパンダ舎《しゃ》へと戻《もど》る坂《さか》が、いつもよりも長《なが》く、険《けわ》しく感《かん》じられた。

タンタンを最後《さいご》まで面倒見《めんどうみ》られないなんて……。悔《くや》しさと、どうにもならないもどかしさから、梅元《うめもと》は足取《あしど》りがやけに重《おも》かった。

その日《ひ》、休《やす》みだった吉田《よしだ》は副園長《ふくえんちょう》からかかってきた電話《でんわ》でタンタンの返還《へんかん》について知《し》らされた。電話口《でんわぐち》で「タンタンを中国《ちゅうごく》に返《かえ》すことになったから」と告《つ》げられたとき、吉《よし》田《だ》は目《め》の前《まえ》が真《ま》っ暗《くら》になった。

若《わか》いパンダならば繁殖《はんしょく》のため中国《ちゅうごく》に帰《かえ》ることがあっても、高齢《こうれい》パンダが連《つ》れ戻《もど》されることはないと信《しん》じきっていた。ずっと神戸《こうべ》にいてくれると思《おも》っていたのに……。

副園長《ふくえんちょう》との電話《でんわ》を切《き》った後《あと》も、吉田《よしだ》はスマホを手《て》にその場《ば》で呆然《ぼうぜん》と立《た》ち尽《つ》くすことしかできなかった。

今年《ことし》の誕生日《たんじょうび》は、タンタンが王子動物園《おうじどうぶつえん》で迎《むか》える最後《さいご》の誕生日《たんじょうび》になる。梅元《うめもと》と吉田《よしだ》はかつてない豪華《ごうか》なケーキを作《つく》ってタンタンをお祝《いわ》いしようと心《こころ》に決《き》めた。

阪神《はんしん》・淡路大震災《あわじだいしんさい》で傷《きず》ついた人《ひと》たちを励《はげ》ますため、2000年《ねん》に神戸《こうべ》にやってきたタンタン。以来《いらい》、子《こ》どもたちを中心《ちゅうしん》に数《かぞ》えきれないほど多《おお》くの人《ひと》に笑顔《えがお》を届《とど》けてきた。中国《ちゅうごく》に返還《へんかん》されるニュースが流《なが》れると、人々《ひとびと》からは悲《かな》しみつつも感謝《かんしゃ》の声《こえ》があがった。神戸市《こうべし》役所《やくしょ》の隣《となり》には「20年間《ねんかん》ありがとう　ずっと大好《だいす》きだよ」という巨大《きょだい》なボードが設置《せっち》され、神戸《こうべ》の人《ひと》たちから寄《よ》せられたメッセージで埋《う》め尽《つ》くされた。

『本当《ほんとう》はいつまでも神戸《こうべ》にいてほしい……。でも、どこにいてもタンタンの幸《しあわ》せを願《ねが》っているよ』

『神戸《こうべ》にずっといてくれて、ありがとう』

『コロナ禍《か》でも癒《い》やしてくれて助《たす》かりました』

メッセージひとつひとつに、タンタンに対《たい》する感謝《かんしゃ》と別《わか》れを惜《お》しむ言葉《ことば》がつづられている。神戸《こうべ》の人《ひと》たちにとって、タンタンは特別《とくべつ》な存在《そんざい》になっているようだ。

2020年《ねん》9月《がつ》16日《にち》。

タンタンは25歳《さい》の誕生日《たんじょうび》を迎《むか》えた。この日《ひ》はあいにく、動物園《どうぶつえん》は休園日《きゅうえんび》。それでもシャッターが下《お》りた正門《せいもん》の前《まえ》には、多《おお》くの人《ひと》が集《あつ》まっていた。タンタンが王子動物園《おうじどうぶつえん》で迎《むか》える最後《さいご》の誕生日《たんじょうび》を、少《すこ》しでも近《ちか》くでお祝《いわ》いしようとやってきたのだ。

パンダ舎《しゃ》のバックヤードには吉田《よしだ》と梅元《うめもと》に加《くわ》え、バースデーケーキの仕上《しあ》げを手伝《てつだ》うため動物園《どうぶつえん》スタッフたちが集《あつ》まっていた。寝室《しんしつ》のタンタンはいつもと違《ちが》い騒々《そうぞう》しいバックヤードを、不思議《ふしぎ》そうに眺《なが》めている。

「よし！　みんなで展示場《てんじじょう》に運《はこ》び出《だ》そう」

吉田《よしだ》が声《こえ》をかけると氷《こおり》がぎっしりとつまったバケツを手《て》に、全員《ぜんいん》、屋内展示場《おくないてんじじょう》へと入《はい》っていく。部屋《へや》の真《ま》ん中《なか》に氷《こおり》を積《つ》み上《あ》げると、あっという間《ま》に巨大《きょだい》な氷《こおり》の山《やま》ができあがった。その頂点《ちょうてん》に置《お》かれたのは、吉田《よしだ》が鑿《のみ》で作《つく》り上《あ》げた、４本《ほん》の竹《たけ》を柱《はしら》にした氷《こおり》の塊《かたまり》。過去最大《かこさいだい》、２段重《だんがさ》ねの巨大《きょだい》な氷《こおり》

25歳《さい》のバースデーケーキ

のケーキが完成《かんせい》した。竹《たけ》で支《ささ》えられた氷《こおり》の塊《かたまり》は、あたかも山《やま》の上《うえ》にそびえるタンタンの神殿《しんでん》のよう。その氷《こおり》の塊《かたまり》を囲《かこ》むように、タンタンの好物《こうぶつ》であるリンゴとブドウが飾《かざ》り付《つ》けられていく。

リンゴは平仮名《ひらがな》の形《かたち》に皮《かわ》がむかれ、5つを並《なら》べると「あ・り・が・と・う」に。そしてブドウはタンタンの姿《すがた》に並《なら》べられた。最後《さいご》に吉田《よしだ》がポケットから取《と》り出《だ》したのは2本《ほん》のニンジン。それを、氷《こおり》の塊《かたまり》のてっぺんに飾《かざ》り付《つ》けた。

「ろうそくの代《か》わり。ニンジンならタンタンも喜《よろこ》ぶやろ」

想像以上《そうぞういじょう》の出来栄《できば》えに、吉田《よしだ》はうれしそうに声《こえ》をあげた。いよいよバースデーケーキの準備《じゅんび》は整《ととの》った。

タンタンが神戸《こうべ》で迎《むか》える最後《さいご》の誕生日《たんじょうび》とあって、屋内展示場《おくないてんじじょう》を見渡《みわた》す観覧通路《かんらんつうろ》にはテレビ局《きょく》や新聞社《しんぶんしゃ》、ネットメディアの記者《きしゃ》がつめかけた。タンタンがケーキを食《た》べる瞬間《しゅんかん》を撮《と》り逃《のが》すまいと、20台以上《だいいじょう》のカメラがガラスの向《む》こうで待《ま》ち構《かま》えている。動物園《どうぶつえん》スタッフがバックヤードに下《さ》がると、梅元《うめもと》が寝室《しんしつ》と屋内展示場《おくないてんじじょう》をつなぐ扉《とびら》を勢《いきお》いよく開《ひら》いた。

「ケーキを食《た》べに行《い》っといで」

梅元《うめもと》の声《こえ》を背《せ》に受《う》けながら、タンタンはいつものようにゆっくりと寝室《しんしつ》から歩《ほ》を進《すす》める。ところが、一歩《いっぽ》、屋内展示場《おくないてんじじょう》に踏《ふ》み出《だ》したところで、タンタンの足《あし》が止《と》まった。

見《み》たこともない巨大《きょだい》な氷《こおり》の山《やま》が、目《め》の前《まえ》にそびえている。

そしてガラス越《ご》しにはたくさんのカメラが。いつもとはあまりにも異《こと》なる光景《こうけい》に、思《おも》わず体《からだ》が固《かた》まってしまった。『これはいったい、どういうことかしら？』とでも言《い》いたげな、不思議《ふしぎ》そうな表情《ひょうじょう》を浮《う》かべながら、ケーキの周《まわ》りをぐるぐるぐるぐる回《まわ》りだす。

「はよ、食《た》べえ」

じれったそうに吉田《よしだ》が声《こえ》をかける。

「リンゴ、おいしいよ。食《た》べな」

梅元《うめもと》は優《やさ》しく呼《よ》びかける。二人《ふたり》はかつてコウコウが暮《く》らしていた隣《となり》の展示場《てんじじょう》の壁《かべ》の上《うえ》から顔《かお》だけを出《だ》し、氷《こおり》のケーキにあしらわれた果物《くだもの》を食《た》べるよう、タンタンにうながす。

1分経過《ぷんけいか》――

2分経過《ふんけいか》――

3分《ぷん》が経《た》ってもタンタンはケーキに近《ちか》づこうとしない。それどころか、床《ゆか》でごろりと横《よこ》になってしまった。予想外《よそうがい》の展開《てんかい》だが、どこか憎《にく》めないタンタンの行動《こうどう》にガラスの前《まえ》に集《あつ》まった記者《きしゃ》たちからは笑《え》みがこぼれる。

もう、今日《きょう》は食《た》べないのか？　あきらめかけた、その瞬間《しゅんかん》。タンタンは突然《とつぜん》むくりと起《お》き上《あ》がるとゆっくりと氷《こおり》に近寄《ちかよ》っていった。そして、パクリ。タンタンの姿《すがた》をデザインするよう配置《はいち》されたブドウを口《くち》に頬張《ほおば》った。

続《つづ》いて5つのリンゴのうち「と」のリンゴをつかむと、むしゃりむしゃりと音《おと》を立《た》てかじり始《はじ》めた。その途端《とたん》、決定的瞬間《けっていてきしゅんかん》を撮《と》り逃《のが》すまいとカメラマンたちがあわただしく動《うご》き始《はじ》めた。スチールカメラからはカシャカシャとシャッター音《おん》が響《ひび》き、テレビカメラはタンタンの一挙手一投足《いっきょしゅいっとうそく》を逃《のが》すまいと右《みぎ》へ左《ひだり》へと動《うご》き続《つづ》ける。

それまでの、のんびりとした雰囲気《ふんいき》から一転《いってん》、記者《きしゃ》たちのテンションは急《きゅう》に上《あ》がった。そんな喧騒《けんそう》を尻目《しりめ》に、梅元《うめもと》は静《しず》かにタンタンを見《み》つめながらこれからのことを考《かんが》えていた。

中国行《ちゅうごくゆ》きの飛行機《ひこうき》にのせるための檻《おり》に入《い》れてトラックが出発《しゅっぱつ》したら、二度《にど》と神戸《こうべ》に帰《かえ》ってくることはない。誕生日《たんじょうび》を一緒《いっしょ》に祝《いわ》えるのも今日《きょう》が最後《さいご》。来年《らいねん》の誕生日《たんじょうび》にはもう、タンタンは王子動物園《おうじどうぶつえん》にはいない。おいしそうにブドウやリンゴにかじりつくタンタンを見《み》ながら梅元《うめもと》はぽつりとつぶやいた。

「もっと、一緒《いっしょ》にいたかったたな……」

そう言《い》うと、梅元《うめもと》は口元《くちもと》を震《ふる》わせながらうつむいた。目《め》からは、大粒《おおつぶ》の涙《なみだ》があふれだしている。タンタンの飼育《しいく》を担当《たんとう》して12年《ねん》。毎日《まいにち》のように顔《かお》を合《あ》わせ、声《こえ》をかけ、心《こころ》を通《かよ》わせてきた。家族《かぞく》のような存在《そんざい》のタンタンが、まもなく自分《じぶん》の目《め》の前《まえ》からいなくなってしまう。最後《さいご》の誕生日《たんじょうび》を祝《いわ》えたことで、急《きゅう》にそのことが現実《げんじつ》として梅元《うめもと》の前《まえ》に迫《せま》ってきた。

もう一人《ひとり》の飼育員《しいくいん》、吉田《よしだ》も同《おな》じ気持《きも》ちだった。誕生日《たんじょうび》のセレモニーが終《お》わると、パンダ舎《しゃ》を飛《と》び出《だ》し、園内《えんない》にある茂《しげ》みに向《む》かった。タンタンのため、吉田《よしだ》が植《う》えた竹《たけ》が育《そだ》つ茂《しげ》みだ。ガサゴソと草《くさ》をかき分《わ》けると、目《め》を凝《こ》らしながらなにやら探《さが》し始《はじ》めた。

「あった、あった！　これだ！」

うれしそうにつかんだのは、四方竹《しほうちく》のタケノコ。まだ芽《め》を出《だ》したばかりだからか背《せ》は低《ひく》く、太《ふと》さは鉛筆程度《えんぴつていど》しかない。

一般的《いっぱんてき》にタケノコは春《はる》に生《は》えるものが多《おお》いが、この四方竹《しほうちく》は秋《あき》に生《は》える。この時期《じき》にタンタンが体調《たいちょう》を崩《くず》し食欲《しょくよく》が落《お》ちた場合《ばあい》に備《そな》え、3年前《ねんまえ》に吉田《よしだ》が植《う》えて大切《たいせつ》に育《そだ》ててきた。タンタンが中国《ちゅうごく》に返還《へんかん》される前《まえ》に一度《いちど》でもいいからタケノコを食《た》べてもらいたいという願《ねが》いが通《つう》じたのか、初《はじ》めて採取《さいしゅ》することができた。

正真正銘《しょうしんしょうめい》、これがラストチャンスだ。

「気《き》に入《い》ってくれるかな？」

そうつぶやきながら吉田《よしだ》は、まだ小《ちい》さいタケノコを数本《すうほん》、丁寧《ていねい》に切《き》り取《と》った。大事《だいじ》そうに抱《かか》えるとすぐにタンタンが待《ま》つ寝室《しんしつ》へと走《はし》っていく。

「タンタン、ちょっとええか？」

吉田《よしだ》の呼《よ》びかけに横《よこ》になっていたタンタンが顔《かお》を上《あ》げる。手《て》になにかいいものを持《も》っていそうだと勘《かん》づいたのか、フンフンと鼻《はな》を鳴《な》らしながら柵《さく》に近《ちか》づいてきた。それを見《み》た吉《よし》田《だ》が柵《さく》の隙間《すきま》からタケノコを差《さ》し入《い》れると、タンタンは手《て》を伸《の》ばして受《う》け取《と》った。10年以《ねんい》上《じょう》にわたり吉田《よしだ》とタンタンが柵《さく》をはさんで繰《く》り返《かえ》し行《おこな》ってきた、お決《き》まりのやり取《と》りも、まもなく終《お》わりを迎《むか》える。

タケノコのにおいをしばらくかぐと、タンタンは勢《いきお》いよく食《た》べ始《はじ》めた。よほど気《き》に入《い》ったのか、むしゃむしゃむしゃむしゃ音《おと》を立《た》てて一心不乱《いっしんふらん》にかじっている。

「あわてるな。もっと採《と》ってきたから。ほら、入《い》れるぞ」

追加《ついか》のタケノコを柵《さく》の隙間《すきま》から差《さ》し入《い》れると、タンタンはすぐに受《う》け取《と》り、口《くち》に運《はこ》ぶ。ばりばりばりばり、おいしそうに食《た》べる音《おと》が心地《ここち》よく響《ひび》く。その様子《ようす》を吉田《よしだ》は目《め》を細《ほそ》めて眺《なが》めていた。自分《じぶん》が手塩《てしお》にかけて育《そだ》てた四方竹《しほうちく》のタケノコを、喜《よろこ》んでもらえた。うれしさと同時《どうじ》に、さみしさもこみ上《あ》げてくる。

「本当《ほんとう》はこの先《さき》も、ずっと食《た》べてもらいたいんやけど……」

吉田《よしだ》は、いつまでもタンタンの前《まえ》から離《はな》れることができなかった。


もうすぐ、タンタンは王子動物園《おうじどうぶつえん》を去《さ》り、中国《ちゅうごく》に帰《かえ》ってしまう。その現実《げんじつ》を、飼育員《しいくいん》二人《ふたり》はなかなか受《う》け止《と》められずにいた。


ところがこの後《あと》、事態《じたい》は急変《きゅうへん》する。中国《ちゅうごく》に帰《かえ》ることよりも、もっと深刻《しんこく》な状況《じょうきょう》がタンタンと二人《ふたり》の飼育員《しいくいん》に襲《おそ》い掛《か》かることとなる。

誰《だれ》も想像《そうぞう》すらしていなかった恐《おそ》ろしい病魔《びょうま》が、タンタンの体《からだ》の中《なか》で蠢《うごめ》いていた……。

パンダコラム

中国《ちゅうごく》のパンダはどんな暮《く》らしをしているの？

　タンタンが中国返還後《ちゅうごくへんかんご》、暮《く》らすことになっていたのは四川省《しせんしょう》にある中国《ちゅうごく》ジャイアントパンダ保護研究《ほごけんきゅう》センター都江堰基地《とこうえんきち》。広大《こうだい》な敷地《しきち》には緑豊《みどりゆた》かな竹林《ちくりん》が広《ひろ》がり、野生《やせい》のパンダが暮《く》らす環境《かんきょう》が再現《さいげん》されています。

　ここに暮《く》らしているパンダは40頭《とう》ほど。なかには高齢《こうれい》パンダもたくさんいて、終《つい》の棲家《すみか》としていかにストレスなく余生《よせい》を送《おく》ることができるかということに力《ちから》が注《そそ》がれています。高齢《こうれい》パンダがのんびりする運動場《うんどうじょう》の広《ひろ》さは一頭《とう》につき約《やく》４００㎡。バスケットボールのコートとだいたい同《おな》じ広《ひろ》さの運動場《うんどうじょう》は芝生《しばふ》で覆《おお》われ、周《まわ》りは竹林《ちくりん》で囲《かこ》まれています。自然豊《しぜんゆた》かな環境《かんきょう》で高齢《こうれい》パンダたちはごろごろしたり、大好《だいす》きな竹《たけ》を食《た》べたりしながら悠々《ゆうゆう》と過《す》ごします。

　園内《えんない》には高齢《こうれい》パンダを専門《せんもん》にケアする施設《しせつ》も設《もう》けられていて、高齢《こうれい》パンダがかかりやすい病気《びょうき》を治療《ちりょう》する病院《びょういん》もあります。院内《いんない》には人間《にんげん》の病院《びょういん》にも負《ま》けないほど立派《りっぱ》な検査機器《けんさきき》がずらり。パンダが虫歯《むしば》になったときのための治療機器《ちりょうきき》やレントゲン、さらには体内《たいない》を細《こま》かく画像化《がぞうか》して脳《のう》や内臓《ないぞう》、血管《けっかん》に異常《いじょう》がないかを調《しら》べるＭＲＩ装置《そうち》まで揃《そろ》っています。普段《ふだん》の健康診断《けんこうしんだん》に加《くわ》え、こうした最新《さいしん》の医療機器《いりょうきき》を用《もち》いることで、病気《びょうき》の早期発見《そうきはっけん》と治療《ちりょう》に努《つと》めているのです。

この都江堰基地《とこうえんきち》にはタンタンより４歳年上《さいとしうえ》のお姉《ねえ》さん白雲《バイユン》と２歳年上《さいとしうえ》のお兄《にい》さん希夢《シーモン》もいます。２頭《とう》とも広大《こうだい》な敷地《しきち》でのんびりストレスなく過《す》ごしており、もしタンタンが帰国《きこく》していたら、久《ひさ》しぶりにきょうだい３頭《とう》が揃《そろ》っていたかもしれません。

4.

タンタン、心臓《しんぞう》の病気《びょうき》が見《み》つかる

誕生日《たんじょうび》から半年《はんとし》あまりが経《た》った2021年《ねん》4月《がつ》19日《にち》。うららかな春《はる》の日差《ひざ》しを浴《あ》びながら、梅元《うめもと》はいつものように動物園《どうぶつえん》に向《む》け自転車《じてんしゃ》を漕《こ》いでいた。穏《おだ》やかな風《かぜ》が全身《ぜんしん》を包《つつ》み込《こ》み、普段《ふだん》ならもっと勢《いきお》いよく風《かぜ》を浴《あ》びようとペダルを踏《ふ》み込《こ》む足《あし》に力《ちから》が入《はい》るところだが、この日《ひ》はそんな気分《きぶん》にはなれなかった。

まもなくタンタンの状態《じょうたい》が、全国《ぜんこく》に知《し》れ渡《わた》ることになる。そのことを考《かんが》えると、憂鬱《ゆううつ》な気持《きも》ちになる――。

「本日《ほんじつ》はお集《あつ》まりいただき、ありがとうございます」

この日《ひ》の午後《ごご》、神戸市役所《こうべしやくしょ》で緊急《きんきゅう》の記者会見《きしゃかいけん》が開《ひら》かれた。加古裕二郎園長《かこゆうじろうえんちょう》がタンタンの心臓《しんぞう》に見《み》つかった異常《いじょう》に関《かん》して話《はな》し始《はじ》めると、集《あつ》まった記者《きしゃ》たちは一様《いちよう》に戸惑《とまど》いの表情《ひょうじょう》を浮《う》かべた。

「心臓疾患《しんぞうしっかん》ということは、命《いのち》の危険《きけん》も考《かんが》えられるのか？」

記者《きしゃ》からの質問《しつもん》に対《たい》し、園長《えんちょう》は言葉《ことば》を選《えら》びながらゆっくりと回答《かいとう》した。

「不測《ふそく》の事態《じたい》もありえないことではない、という認識《にんしき》です」

新型《しんがた》コロナウイルスのまん延《えん》に加《くわ》え、タンタンの心臓《しんぞう》に異常《いじょう》が見《み》つかったため、中国《ちゅうごく》への返還《へんかん》は延期《えんき》されることになった。

最初《さいしょ》にタンタンの異変《いへん》が見《み》つかったのは1月下旬《がつげじゅん》。定期健診《ていきけんしん》のため、獣医師《じゅういし》の菅野拓《かんのひろき》がタンタンの胸《むね》に聴診器《ちょうしんき》をあてたところ、心臓《しんぞう》からいつもとは違《ちが》う音《おと》がした。

普段《ふだん》ならドクン、ドクン、ドクンと一定《いってい》のリズムで音《おと》がするのに、この日《ひ》はドドド……ドド……ドドドと弱々《よわよわ》しい音《おと》しか聞《き》こえない。リズムも速《はや》く、乱《みだ》れている。菅野獣医師《かんのじゅういし》は、タンタンの心臓《しんぞう》で不整脈《ふせいみゃく》と心拍数《しんぱくすう》の上昇《じょうしょう》が起《お》きていることを突《つ》き止《と》めた。

このころ吉田《よしだ》もタンタンの異変《いへん》に気《き》が付《つ》いていた。吉田《よしだ》がつけている飼育記録《しいくきろく》には、タンタンの運動量《うんどうりょう》や食欲《しょくよく》が急《きゅう》に落《お》ち、代《か》わりに寝《ね》ている時間《じかん》が増《ふ》えたとつづられている。

タンタンの体《からだ》の中《なか》で、なにか大《おお》きな病気《びょうき》が進行《しんこう》している可能性《かのうせい》がある。原因《げんいん》を特定《とくてい》するため、動物園《どうぶつえん》のスタッフだけではなく、動物《どうぶつ》の心臓疾患《しんぞうしっかん》に詳《くわ》しい外部《がいぶ》の専門家《せんもんか》も交《まじ》え、詳細《しょうさい》なデータをとることになった。

人間《にんげん》が心臓《しんぞう》を検査《けんさ》する場合《ばあい》、最《もっと》も一般的《いっぱんてき》なのは心電図《しんでんず》を測定《そくてい》する方法《ほうほう》だ。心臓《しんぞう》は縮《ちぢ》まったり広《ひろ》がったりを繰《く》り返《かえ》す際《さい》、微弱《びじゃく》な電流《でんりゅう》を発生《はっせい》させる。体《からだ》に装着《そうちゃく》した装置《そうち》でこの電流《でんりゅう》を測定《そくてい》し、波形《はけい》として表《あらわ》したものが「心電図《しんでんず》」と呼《よ》ばれる。

この波形《はけい》が崩《くず》れていたり、正常《せいじょう》の形《かたち》とずれていたりすれば心臓《しんぞう》に異常《いじょう》があることがわかる。当然《とうぜん》、正確《せいかく》なデータをとるためには、装置《そうち》をつけて、測《はか》っている間《あいだ》はリラックスしたままじっとしていなくてはならない。人間《にんげん》なら我慢《がまん》できるし、犬《いぬ》や猫《ねこ》など小《ちい》さな動物《どうぶつ》は動《うご》かないようおさえておくこともできる。だが体重《たいじゅう》が100kg前後《ぜんご》にもなるジャイアントパンダの場合《ばあい》、心電図《しんでんず》をとるのは至難《しなん》の業《わざ》ではないか？　そんな指摘《してき》が外部《がいぶ》の専門家《せんもんか》から寄《よ》せられた。でも、二人《ふたり》の飼育員《しいくいん》にはタンタンなら大丈夫《だいじょうぶ》という自信《じしん》があった。

「タンタン、入《はい》っておいで」

夕方《ゆうがた》、梅元《うめもと》が声《こえ》をかけるとタンタンがトレーニングルームに入《はい》ってきた。

トレーニングルームとは飼育員《しいくいん》や獣医師《じゅういし》がタンタンの検査《けんさ》や治療《ちりょう》を行《おこな》う部屋《へや》で、コンクリートの壁《かべ》で四方《しほう》を囲《かこ》まれている。室内《しつない》には高《たか》さ1・6mほどのスクイズケージと呼《よ》ばれる檻《おり》がふたつ並《なら》んでいる。

屋内展示場《おくないてんじじょう》からは通路《つうろ》でつながっていて、タンタンが歩《ある》いてくるとスクイズケージに入《はい》る仕組《しく》みになっている。

「タンタン、よく来《き》たね。じゃあ始《はじ》めようか」

スクイズケージの柵《さく》を両手《りょうて》でつかみながら後《うし》ろあしで立《た》つタンタンに、梅元《うめもと》は優《やさ》しく話《はな》しかけた。

しかし次《つぎ》の瞬間《しゅんかん》、梅元《うめもと》の口調《くちょう》が少《すこ》し鋭《するど》くなった。

「タンタン、ダウン」

するとタンタン、梅元《うめもと》の言《い》っていることがわかるのか自発的《じはってき》にごろりと仰向《あおむ》けに転《ころ》がる。

「GOOD《グッド》！　賢《かしこ》い」

そう言《い》いながら梅元《うめもと》は、タンタンの口元《くちもと》にスライスしたリンゴを近《ちか》づける。タンタンは仰向《あおむ》けの体勢《たいせい》

を保《たも》ちながらリンゴを舌先《したさき》で受《う》け取《と》ると、シャリシャリと音《おと》を立《た》ててかんだ。その隙《すき》にタンタンの背後《はいご》にいる菅野獣医師《かんのじゅういし》が肛門《こうもん》に体温計《たいおんけい》を差《さ》し込《こ》んで熱《ねつ》を測《はか》る。検温中《けんおんちゅう》、梅元《うめもと》はタンタンの顔《かお》の前《まえ》に人差《ひとさ》し指《ゆび》をかざし、動《うご》かないよう合図《あいず》を送《おく》る。梅元《うめもと》がかざす指《ゆび》を見《み》つめるタンタンは、嫌《いや》がる素振《そぶ》りも見《み》せずじっと仰向《あおむ》けの体勢《たいせい》を保《たも》っている。

「今度《こんど》はこっちにおいで」

梅元《うめもと》が声《こえ》をかけると、タンタンは後《うし》ろあしで勢《いきお》いよく立《た》ち上《あ》がって左手《ひだりて》で天井《てんじょう》の柵《さく》をつかんだ。そして、右手《みぎて》を柵《さく》に取《と》り付《つ》けられた穴《あな》から突《つ》き出《だ》す。

「GOOD《グッド》！　よくできた」

そう言《い》って梅元《うめもと》は再《ふたた》び口先《くちさき》にリンゴを近《ちか》づける。タンタンは姿勢《しせい》を保《たも》ったままリンゴスライスをくわえると、おいしそうに飲《の》み込《こ》んだ。菅野獣医師《かんのじゅういし》は今度《こんど》はバンドをタンタンの腕《うで》に巻《ま》き付《つ》け、血圧測定《けつあつそくてい》を実施《じっし》する。その間《あいだ》タンタンは、なんでもないことのようにじっとバンドが外《はず》されるのを待《ま》っている。

まるで人間《にんげん》の健康診断《けんこうしんだん》のような驚《おどろ》きの光景《こうけい》だが、これは「ハズバンダリートレーニン

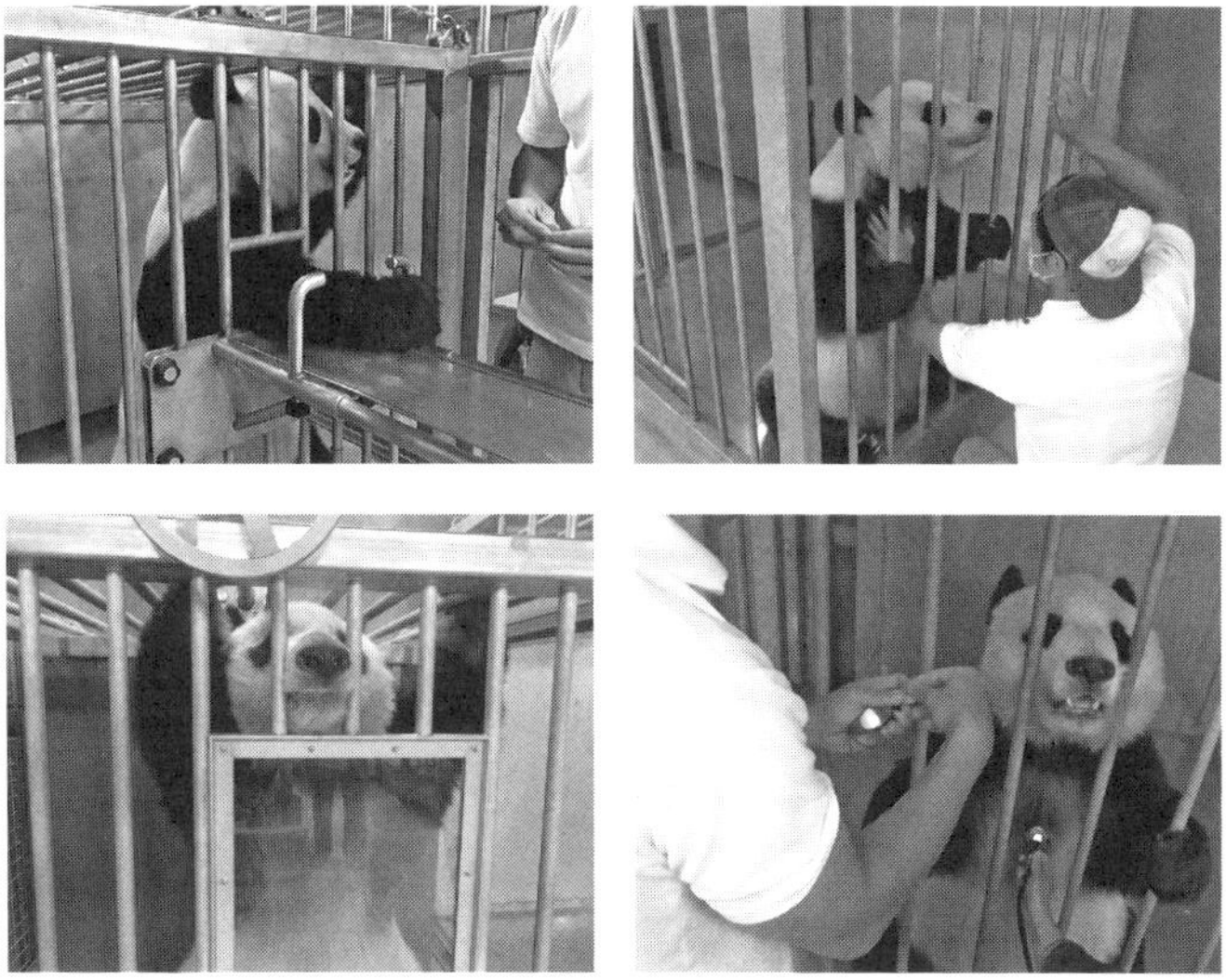

グ」と呼《よ》ばれる動物《どうぶつ》の健康管理法《けんこうかんりほう》。好物《こうぶつ》の食《た》べ物《もの》を使《つか》いながら、「横《よこ》になる」「口《くち》を開《あ》ける」「腕《うで》を柵《さく》から出《だ》す」など、検査《けんさ》や治《ち》療《りょう》に必要《ひつよう》な動《うご》きを人間《にんげん》が無理《むり》やり行《おこな》うのではなく、動物《どうぶつ》に主体的《しゅたいてき》にやってもらうよう教《おし》え込《こ》む。

動物《どうぶつ》に協力《きょうりょく》してもらうので麻酔《ますい》が必要《ひつよう》なくなり、動物《どうぶつ》にかかるストレスも軽減《けいげん》させることができる。

実《じつ》はタンタンはこのハズバンダリートレーニングに10年以上《ねんいじょう》も取《と》り組《く》んでいる。その動《うご》きのひとつひとつは、タンタンの努《ど》力《りょく》の結晶《けっしょう》。なにしろタンタンには言葉《ことば》が通《つう》じないため、動作《どうさ》をひとつ覚《おぼ》えてもらうにも、気《き》の遠《とお》くなるような時間訓練《じかんくんれん》を繰《く》り返《かえ》さなくてはならないのだ。

例《たと》えば、腕《うで》から注射器《ちゅうしゃき》で血《ち》を抜《ぬ》く「採血《さいけつ》」ができるようになるまでには、半年以上《はんとしいじょう》もの間《あいだ》、特訓《とっくん》を続《つづ》けた。

最初《さいしょ》に覚《おぼ》えてもらうのは柵《さく》に取《と》り付《つ》けられた小《ちい》さな穴《あな》から手《て》を出《だ》すこと。たまたま手《て》を出《だ》したとき、ご褒美《ほうび》にリンゴやブドウをあげる。それを繰《く》り返《かえ》すことで、『穴《あな》から手《て》を出《だ》せばご褒美《ほうび》がもらえる』ということをタンタンに覚《おぼ》えてもらう。

それに慣《な》れたら次《つぎ》は手《て》を出《だ》した状態《じょうたい》を保《たも》つ練習《れんしゅう》に移《うつ》る。注射器《ちゅうしゃき》で血《ち》を抜《ぬ》く間《あいだ》は手《て》を動《うご》かさず、穴《あな》からじっと出《だ》しておかなくてはならないので、その体勢《たいせい》を維持《いじ》する必要《ひつよう》がある。ここでも好物《こうぶつ》のリンゴやブドウを使《つか》って少《すこ》しずつ時間《じかん》を延《の》ばしていく。

手《て》を出《だ》し続《つづ》けることができるようになったら注射針《ちゅうしゃばり》に慣《な》れさせる訓練《くんれん》をする。といっても、いきなり針《はり》を刺《さ》すようなことはしない。そんなことをしたら『この穴《あな》から手《て》を出《だ》したら痛《いた》い目《め》にあう』と悪《わる》いイメージを持《も》ち、二度《にど》と手《て》を出《だ》してくれなくなる。そこでまずは先《さき》の丸《まる》まった針《はり》を、腕《うで》の内側《うちがわ》にあてることから始《はじ》める。

タンタン、最初《さいしょ》のうちは違和感《いわかん》を覚《おぼ》えてすぐに手《て》を引《ひ》っ込《こ》めてしまったが、リンゴやブドウを与《あた》えながら根気強《こんきづよ》く訓練《くんれん》を繰《く》り返《かえ》すと、次第《しだい》に『先《さき》の丸《まる》まった針《はり》は怖《こわ》くない』と覚《おぼ》えてくれた。そのやり取《と》りを繰《く》り返《かえ》すことでついに針《はり》がついた注射器《ちゅうしゃき》にも慣《な》れ、やがて刺《さ》されることも嫌《いや》がらなくなる。こうしたステップを踏《ふ》んで、ようやく採血《さいけつ》ができるようになるのだ。

このハズバンダリートレーニングを毎日続《まいにちつづ》けた結果《けっか》、タンタンは採血《さいけつ》のほかに歯《は》の検診《けんしん》やレントゲン撮影《さつえい》など、10種類以上《しゅるいいじょう》もの検査《けんさ》や治療《ちりょう》を嫌《いや》がることなく受《う》けられるようになった。

こうした動《うご》きを習得《しゅうとく》できるようになった理由《りゆう》としては、リンゴやブドウでやる気《き》を引《ひ》き出《だ》していることはもちろん大《おお》きい。だが、好物《こうぶつ》を与《あた》えればどんな動物《どうぶつ》でもできるようになるのかといえば、そんなことは絶対《ぜったい》にない。

苦《くる》しい訓練《くんれん》でも嫌《いや》がらず続《つづ》けてくれるタンタンの真面目《まじめ》さと、タンタンと二人《ふたり》の飼育員《しいくいん》の間《あいだ》に強《つよ》い信頼関係《しんらいかんけい》が結《むす》ばれていることが、なによりも大事《だいじ》なのだ。

パンダコラム

ハズバンダリートレーニングはいつから行《おこな》われているの？

ハズバンダリートレーニングは現在《げんざい》、世界中《せかいじゅう》の動物園《どうぶつえん》で取《と》り組《く》まれています。日本《にっぽん》の動物園《どうぶつえん》では、2000年《ねん》を過《す》ぎたころから少《すこ》しずつ広《ひろ》がりました。日本《にっぽん》ではそれまで動物《どうぶつ》の訓練《くんれん》といえば、イルカやアシカにショーの動《うご》きを覚《おぼ》えてもらうために行《おこな》うのが一般的《いっぱんてき》で、野生動物《やせいどうぶつ》に対《たい》してトレーニングをするのは不自然《ふしぜん》とみなされてきたのです。その認識《にんしき》が変《か》わったきっかけは、「動物福祉《どうぶつふくし》」という考《かんが》えが動物園関係者《どうぶつえんかんけいしゃ》の間《あいだ》で少《すこ》しずつ広《ひろ》まってきたことと関係《かんけい》しています。

動物福祉《どうぶつふくし》とは――動物《どうぶつ》たちがストレスを感《かん》じることなく心身《しんしん》ともに健康《けんこう》で、幸《しあわ》せに暮《く》らす――という考《かんが》え方《かた》です。日々《ひび》の検査《けんさ》や治療《ちりょう》でも、動物《どうぶつ》にストレスをかけないためにはどうしたらよいのか？　そこで広《ひろ》まったのが、動物《どうぶつ》に協力《きょうりょく》してもらうハズバンダリートレーニングだったのです。

タンタンがハズバンダリートレーニングに取《と》り組《く》むようになったきっかけは、梅元《うめもと》さんが研修《けんしゅう》で中国《ちゅうごく》を訪《おとず》れたことでした。高齢《こうれい》パンダに限《かぎ》らず、中国《ちゅうごく》ではパンダの飼《し》育《いく》や、疾患《しっかん》の予防《よぼう》や治療《ちりょう》、繁殖《はんしょく》などの分野《ぶんや》でほかの国《くに》の動物園《どうぶつえん》よりも高度《こうど》な研究《けんきゅう》が行《おこな》われています。そのスキルを身《み》に着《つ》けるため、世界中《せかいじゅう》の動物園《どうぶつえん》からパンダの飼育《しいく》員《いん》が中国《ちゅうごく》の施設《しせつ》に研修《けんしゅう》に行《い》きます。

王子動物園《おうじどうぶつえん》からも梅元《うめもと》さんと吉田《よしだ》さんが飼育技術《しいくぎじゅつ》の向上《こうじょう》を図《はか》るため、それぞれ3回《かい》、四川省《しせんしょう》にある中国《ちゅうごく》ジャイアントパンダ保護研究《はごけんきゅう》センター雅安碧峰峡《があんへきほうきょう》基地《きち》を訪《たず》ねました。広大《こうだい》な敷地《しきち》には野生《やせい》のパンダが生息《せいそく》する山深《やまぶか》い竹林《ちくりん》が再現《さいげん》され、大人《おとな》のパンダのほか、たくさんの子《こ》パンダも飼育《しいく》されています。子《こ》パンダがいるエリアは「パンダ幼稚園《ようちえん》」と呼《よ》ばれ、かわいらしい子《こ》パンダたちが集団《しゅうだん》で木《き》に登《のぼ》ったり滑《すべ》り台《だい》で遊《あそ》んだりと、ほほえましい光景《こうけい》が広《ひろ》がっています。

梅元《うめもと》さんがここを最初《さいしょ》に訪《たず》ねたのは2011年《ねん》3月《がつ》。雌《めす》パンダの発情期《はつじょうき》の行動《こうどう》を学《まな》びに行《い》ったのですが、なにより驚《おどろ》いたのはリンゴやハチミツを用《もち》いたハズバンダリートレーニングでした。

当時《とうじ》、タンタンはステイ（待《ま》て）とダウン（仰向《あおむ》け）程度《ていど》しかできませんでした。ところが中国《ちゅうごく》の飼育員《しいくいん》たちは、パンダに口《くち》を開《あ》けさせて行《おこな》う歯《は》の検診《けんしん》や、腕《うで》を出《だ》させて血《ち》をとる採血《さいけつ》など、さまざまな検査《けんさ》や治療《ちりょう》をごく自然《しぜん》に行《おこな》っていました。

梅元《うめもと》さんは、パンダが複雑《ふくざつ》な動《うご》きを習得《しゅうとく》できることにびっくりすると同時《どうじ》に、このハズバンダリートレーニングにタンタンと取《と》り組《く》めば、高齢《こうれい》になって病気《びょうき》にかかったとき、きっと役立《やくだ》つに違《ちが》いないとひらめきました。その思《おも》いは、梅元《うめもと》さんに続《つづ》いて中国《ちゅうごく》に渡《わた》った吉田《よしだ》さんも同《おな》じでした。

しかし、動物《どうぶつ》に動作《どうさ》を覚《おぼ》えさせるのは容易《ようい》ではありません。ご褒美《ほうび》の与《あた》え方《かた》を間違《まちが》えれば違《ちが》う動《うご》きをしてしまいかねません。また、複数《ふくすう》の飼育員《しいくいん》で訓練《くんれん》をする場合《ばあい》も注意《ちゅうい》が必要《ひつよう》です。飼育員《しいくいん》によって求《もと》める動作《どうさ》に違《ちが》いがあると、動物《どうぶつ》が混乱《こんらん》してしまいます。飼育員同士《しいくいんどうし》、意識《いしき》を共有《きょうゆう》する必要《ひつよう》があるのです。

二人《ふたり》は帰国《きこく》後《ご》、ハズバンダリートレーニングについて専門書《せんもんしょ》などで勉強《べんきょう》し、少《すこ》しずつタンタンと一緒《いっしょ》に訓練《くんれん》を始《はじ》めました。二人《ふたり》の努力《どりょく》とタンタンの協力《きょうりょく》もあって一《ひと》つ一《ひと》つできる動作《どうさ》を増《ふ》やしていくことができました。

ハズバンダリートレーニングはその後《ご》10年《ねん》以上《いじょう》も続《つづ》けられ、タンタンは驚《おどろ》くほどたくさんの動《うご》きを覚《おぼ》えました。二人《ふたり》と一頭《いっとう》で、気《き》の遠《とお》くなるような時間《じかん》、訓練《くんれん》を積《つ》んだことで、今回発症《こんかいはっしょう》した心臓疾患《しんぞうしっかん》という野生動物《やせいどうぶつ》ならば手《て》を施《ほどこ》すこともできない大《おお》きな病《やまい》とも闘《たたか》う準備《じゅんび》ができていたのです。

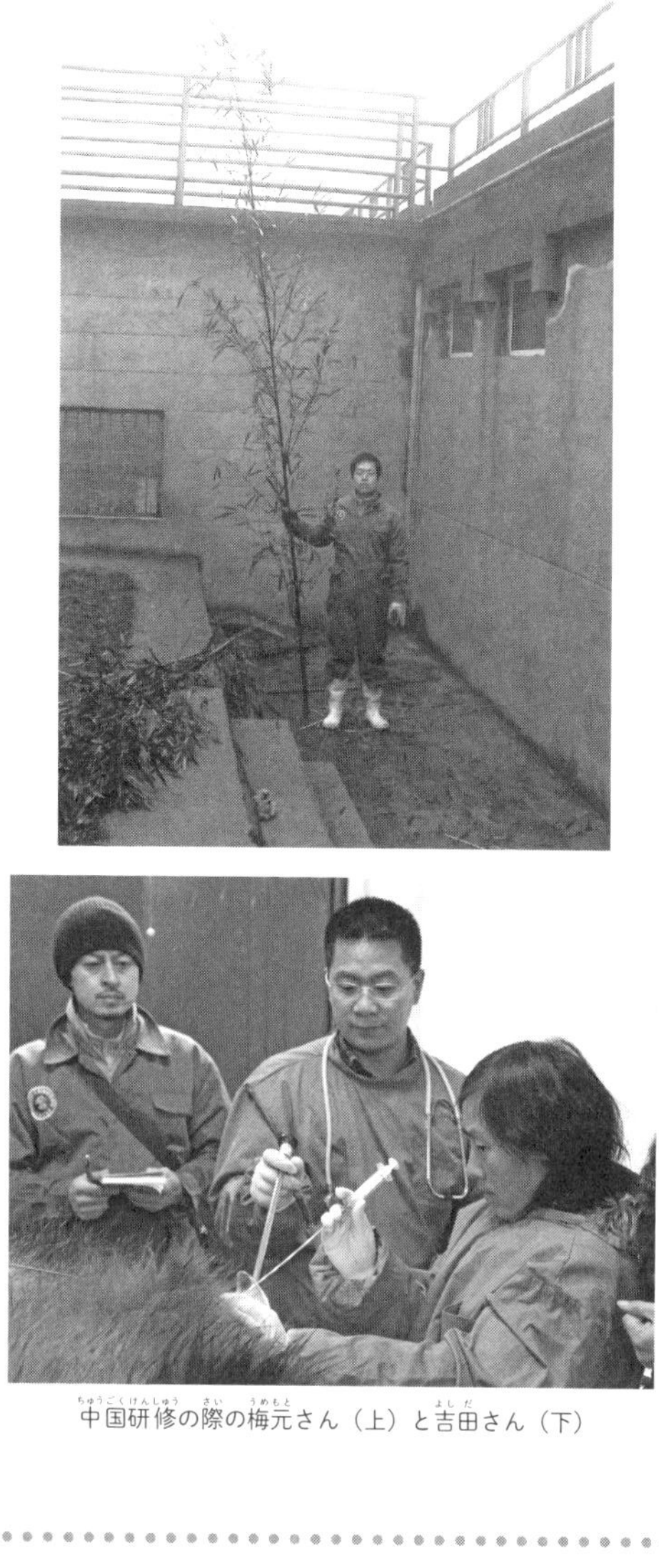

中国研修《ちゅうごくけんしゅう》の際《さい》の梅元《うめもと》さん（上）と吉田《よしだ》さん（下）

いよいよ心電図《しんでんず》を測定《そくてい》する日《ひ》が来《き》た。当初《とうしょ》はタンタンに後《うし》ろあしで立《た》ってもらい両手《りょうて》で柵《さく》をつかんだ状態《じょうたい》で測《はか》ることが検討《けんとう》された。しかし検査《けんさ》には10分近《ぷんちか》い時間《じかん》を要《よう》する。タンタンが疲《つか》れてしゃがみ込《こ》んでしまった場合《ばあい》、また最初《さいしょ》から検査《けんさ》をやり直《なお》さなくてはならない。動物《どうぶつ》の心臓疾患《しんぞうしっかん》の専門家《せんもんか》と梅元《うめもと》と吉田《よしだ》、菅野獣医師《かんのじゅういし》たちが相談《そうだん》した結果《けっか》、体調《たいちょう》が悪《わる》くても姿勢《しせい》を保《たも》てるうつぶせの姿勢《しせい》で測定《そくてい》することが決《き》まった。

「タンタン、ふせ」

吉田《よしだ》が合図《あいず》を出《だ》すとタンタンはすぐにうつぶせになった。

これまで数《かぞ》えきれないほど訓練《くんれん》してきた動《うご》きなので、タンタンにとっては朝飯前《あさめしまえ》だ。うつぶせになり動《うご》きを止《と》めると、梅元《うめもと》が左手《ひだりて》でタンタンの背中《せなか》を触《さわ》りだした。右手《みぎて》には小《ちい》さな水色《みずいろ》の機械《きかい》がにぎられていて、スイッチを押《お》すとブーンという音《おと》とともに小刻《こきざ》みに震《ふる》えだした。梅元《うめもと》が手《て》にしているのは電気《でんき》カミソリ。心電図《しんでんず》を測定《そくてい》する装置《そうち》は直接皮膚《ちょくせつひふ》に貼《は》り付《つ》けなければならないため、タンタンの背中《せなか》の毛《け》を一部《いちぶ》、刈《か》り取《と》る必要《ひつよう》があるのだ。

背中《せなか》の毛《け》を刈《か》られるのはタンタンにとって初《はじ》めての経験《けいけん》だったが、タンタンは少《すこ》しも動《うご》くことなくじっとしている。タンタンの象徴《しょうちょう》でもあるモフモフの毛《け》が刈《か》り取《と》られ、薄《うす》ピンク色《いろ》の皮膚《ひふ》があらわになった。

「それくらいの大《おお》きさで大丈夫《だいじょうぶ》です」

菅野獣医師《かんのじゅういし》が声《こえ》をかけると、梅元《うめもと》は電気《でんき》カミソリのスイッチを止《と》めた。背中《せなか》の毛《け》が丸《まる》い形《かたち》にきれいに刈《か》られた箇所《かしょ》に、菅野獣医師《かんのじゅういし》は５００円玉《えんだま》ほどの丸《まる》いゴムの吸盤《きゅうばん》を貼《は》り付《つ》けていく。この吸盤《きゅうばん》を通《とお》してタンタンの心臓《しんぞう》から発《はっ》せられる微弱《びじゃく》な電流《でんりゅう》が測定《そくてい》される。

いよいよ、心電図《しんでんず》の検査《けんさ》が始《はじ》まる。10分《ぷん》の長丁場《ながちょうば》。タンタンがリラックスしたまま動《うご》かないよう、吉田《よしだ》はときどき、リンゴを与《あた》えながらうつぶせの体勢《たいせい》を維持《いじ》させる。

「はい。10分経《ぷんた》ちました。成功《せいこう》です」

菅野獣医師《かんのじゅういし》から検査終了《けんさしゅうりょう》の合図《あいず》が出《で》た。背中《せなか》から

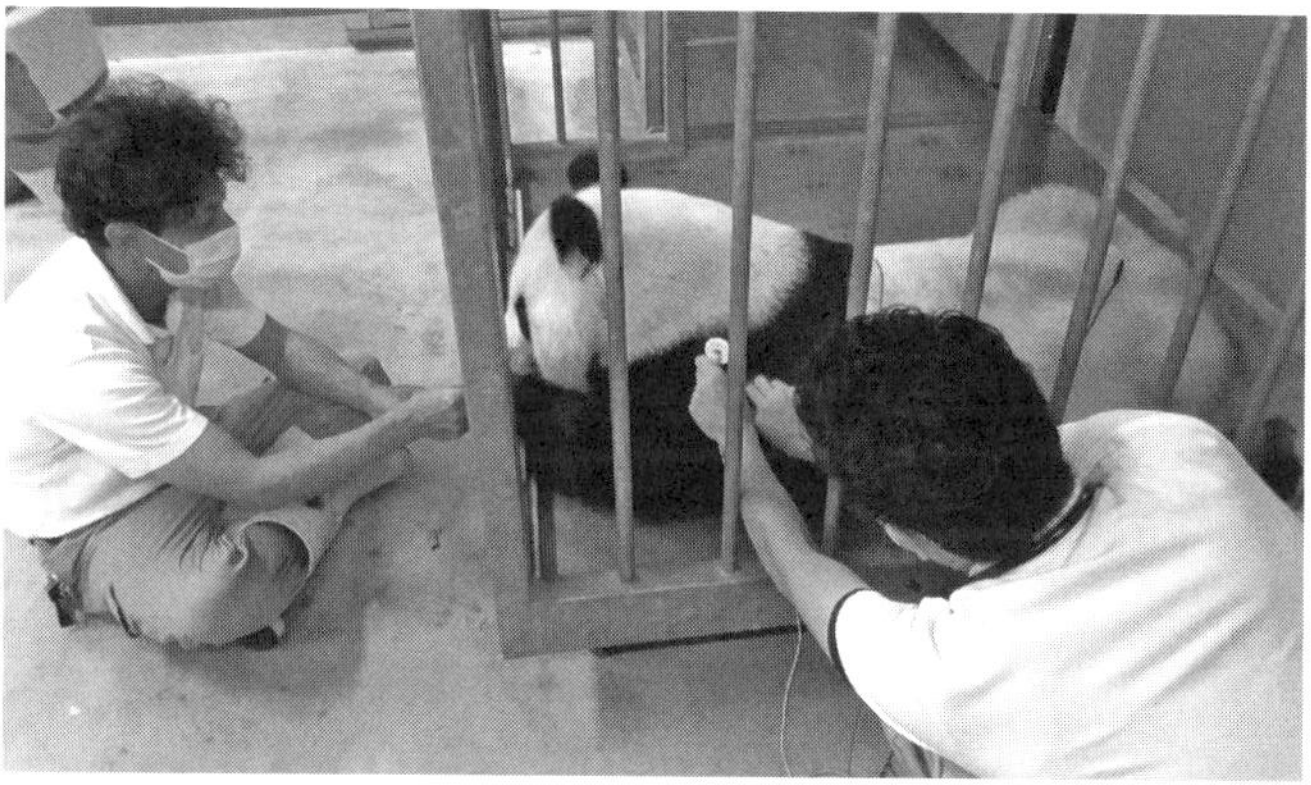

装置《そうち》が取《と》り外《はず》されると、タンタンは身軽《みがる》になったことを確《たし》かめるようにブルブルと体《からだ》を振《ふ》って、ゆっくりと屋内展示場《おくないてんじじょう》へと戻《もど》っていく。心臓疾患《しんぞうしっかん》の専門家《せんもんか》でも難《むずか》しいと言《い》っていたことを、タンタンと二人《ふたり》の飼育員《しいくいん》は事《こと》もなげにやってのけたのだ。

心電図《しんでんず》のデータを分析《ぶんせき》した専門家《せんもんか》は、タンタンの心臓《しんぞう》は、年《とし》をとっていることもあり通《つう》常《じょう》よりも機能《きのう》が低下《ていか》していると指摘《してき》した。一回《いっかい》の心臓《しんぞう》の収縮《しゅうしゅく》で押《お》し出《だ》される血液《けつえき》の量《りょう》が減《へ》ってしまい、その量《りょう》を補《おぎな》うために鼓動《こどう》が速《はや》くなっているという。

症状《しょうじょう》を抑《おさ》えるため、心臓《しんぞう》の収縮《しゅうしゅく》を助《たす》ける強心薬《きょうしんやく》や血液《けつえき》の通《とお》りをよくする血管拡張薬《けっかんかくちょうやく》などの薬《くすり》を服用《ふくよう》することが決《き》まった。梅元《うめもと》たちはすぐに投薬治療《とうやくちりょう》を始《はじ》めることにしたが、薬《くすり》を与《あた》え始《はじ》めてしばらく経《た》ったころ、予期《よき》せぬ問題《もんだい》が立《た》ちはだかった。

「見《み》て、満開《まんかい》よ！　きれいねー」

王子動物園《おうじどうぶつえん》に植《う》えられた約《やく》４８０本《ぽん》の桜《さくら》が見事《みごと》に咲《さ》き誇《ほこ》ると、園内《えんない》は花見客《はなみきゃく》でにぎわった。多《おお》くはパンダ舎《しゃ》にも訪《おとず》れ、屋内展示場《おくないてんじじょう》でタンタンが竹《たけ》をおいしそうに食《た》べる姿《すがた》などを見《み》て歓声《かんせい》をあげる。いつもと変《か》わらぬ光景《こうけい》に見《み》えるが、バックヤードの小窓《こまど》から見《み》ている梅元《うめもと》は腕組《うでぐ》みをしながら深《ふか》くため息《いき》をついた。

「うーん、やっぱり食《た》べないね」

隣《となり》で見《み》ている吉田《よしだ》は、梅元《うめもと》の言葉《ことば》に無言《むごん》でうなずいた。二人《ふたり》が注目《ちゅうもく》しているのは竹《たけ》のことではない。台《だい》の上《うえ》に残《のこ》されたままになっているブドウとリンゴ。

いつもなら大好物《だいこうぶつ》のリンゴとブドウを真《ま》っ先《さき》に食《た》べてから竹《たけ》に取《と》りかかるのがタンタンの食事《しょくじ》スタイルだが、この日《ひ》は、においをかぐだけで食《た》べようとしない。結局口《けっきょくくち》にすることなく、竹《たけ》を食《た》べ始《はじ》めてしまった。いったいなぜ食《た》べないのか？

その理由《りゆう》は、このリンゴとブドウに病気《びょうき》の症状《しょうじょう》を和《やわ》らげる薬《くすり》が隠《かく》されているから。一般的《いっぱんてき》にパンダに薬《くすり》を与《あた》える場合《ばあい》、好物《こうぶつ》であるハチミツに薬《くすり》を混《ま》ぜることが多《おお》い。ハチミツ自体《じたい》のにおいが強《つよ》いため、薬《くすり》に気《き》づかれにくいからだ。ところがタンタンは、なぜかハチミツが苦手《にがて》。代《か》わりに大好《だいす》きなブドウとリンゴに薬《くすり》を隠《かく》して与《あた》えることになったのだが、普段《ふだん》と違《ちが》うにおいが気《き》になるためか、薬入《くすりい》りのエサを食《た》べなくなった。このまま薬《くすり》を飲《の》ませることができないと心臓《しんぞう》の病気《びょうき》が進行《しんこう》し、体調《たいちょう》はますます悪《わる》くなってしまう。

数日後《すうじつご》、事態《じたい》はさらに悪化《あっか》した。寝室《しんしつ》にいるタンタンに柵《さく》の隙間《すきま》からタケノコを与《あた》えようとしていた吉田《よしだ》が、首《くび》をかしげながら控《ひか》え室《しつ》に戻《もど》ってきた。

「あかんわ。手《て》からあげるものは何《なに》も食《た》べてくれん」

薬《くすり》が入《はい》っていなくても、人間《にんげん》の手《て》から与《あた》えるものは警戒《けいかい》して食《た》べてくれなくなった。さらに、体調《たいちょう》が悪《わる》いせいか、竹《たけ》を食《た》べる量《りょう》も少《すこ》しずつ落《お》ちている。

「こんなに細《ほそ》いの⁉」

診察《しんさつ》のためにタンタンの腕《うで》を触《さわ》った梅元《うめもと》は、その細《ほそ》さに驚《おどろ》いた。竹《たけ》を食《た》べる量《りょう》が減《へ》っただけでなく、最近《さいきん》は寝《ね》ている時間《じかん》も増《ふ》えた。食事《しょくじ》をとらず、動《うご》きもせず寝《ね》てばかりいるためか、一気《いっき》にやせ細《ほそ》ってしまったのだ。このころのタンタンの状態《じょうたい》について、吉田《よしだ》は自《みずか》らがつけている飼育記録《しいくきろく》に克明《こくめい》につづっている。

2021年《ねん》4月《がつ》11日《にち》　運動場《うんどうじょう》で寝《ね》たまま10時《じ》まで戻《もど》ってこない
12日《にち》　ほぼ一日中《いちにちじゅう》寝《ね》ている
13日《にち》　室内《しつない》で動《うご》かない

14日《か》　べたっと寝《ね》たまま動《うご》かない
21日《にち》　目《め》の周《まわ》りに白《しろ》い目《め》ヤニが出《で》ている

飼育記録《しいくきろく》からも、日《ひ》に日《ひ》に体調《たいちょう》が悪化《あっか》していっていることがうかがえる。もし、このまま薬《くすり》を飲《の》まない状態《じょうたい》が続《つづ》いたら……。梅元《うめもと》と吉田《よしだ》の脳裏《のうり》には最悪《さいあく》の事態《じたい》も浮《う》かんでいた。

いつの間《ま》にか桜《さくら》の花《はな》は散《ち》り、枝《えだ》には新緑《しんりょく》が芽吹《めぶ》き始《はじ》めていた。寒《さむ》くも暑《あつ》くもなく一年《いちねん》で一番気持《いちばんきも》ちのいい季節《きせつ》のため、幼稚園児《ようちえんじ》や小学生《しょうがくせい》の遠足客《えんそくきゃく》で賑《にぎ》わっているはずだが、この日《ひ》、園内《えんない》に人気《ひとけ》はなかった。

新型《しんがた》コロナウイルスの感染拡大《かんせんかくだい》を食《く》い止《と》めるため、兵庫県《ひょうごけん》では4月《がつ》25日《にち》から緊急事態《きんきゅうじたい》宣言《せんげん》が出《だ》され、動物園《どうぶつえん》は臨時休園《りんじきゅうえん》に入《はい》った。いつもは子《こ》どもたちの歓声《かんせい》が響《ひび》く動物園《どうぶつえん》で、いまは動物《どうぶつ》の鳴《な》き声《ごえ》しか聞《き》こえない。さみしさを感《かん》じながら、梅元《うめもと》は静《しず》かな園内《えんない》を歩《ある》いていた。

「お疲《つか》れさま」

梅元《うめもと》がやってきたのは、野菜《やさい》から肉《にく》まで動物《どうぶつ》たちに与《あた》える食《た》べ物《もの》を保管《ほかん》する飼料倉庫《しりょうそうこ》。

「タンタンのリンゴを取《と》りに来《き》たの？」

「いや、ちょっと別《べつ》のものがないか探《さが》しに」

「別《べつ》のもの？」

仲間《なかま》の飼育員《しいくいん》からの問《と》いかけに答《こた》えながら、梅元《うめもと》は冷蔵庫《れいぞうこ》に入《はい》っていった。どうやったらタンタンに薬《くすり》を飲《の》ませることができるのか？　リンゴやブドウとは別《べつ》の食《た》べ物《もの》で、薬《くすり》を隠《かく》せるものはないかと探《さが》しに来《き》た。

梅元《うめもと》は棚《たな》にある果物《くだもの》や野菜《やさい》をひとつひとつ手《て》に取《と》ってにおいをかぐ。もしかしたら薬《くすり》のにおいを消《け》してくれるものがあるかもしれない。動物園《どうぶつえん》の帰《かえ》り道《みち》にも近所《きんじょ》のスーパーマーケットを回《まわ》って、香《かお》りと甘味《あまみ》の強《つよ》い果物《くだもの》を探《さが》してみた。

翌日《よくじつ》、パンダ舎《しゃ》の控《ひか》え室《しつ》の机《つくえ》には梅元《うめもと》が選《えら》んだ果物《くだもの》と野菜《やさい》が並《なら》んだ。サツマイモにイチゴ、マンゴーにメロン。さらには桃《もも》の缶詰《かんづめ》まである。

「このマンゴー、おいしそうやなあ。タンタンが食《た》べなかったら俺《おれ》が持《も》って帰《かえ》りたいくらいだよ」

興味深《きょうみぶか》そうに眺《なが》めながら吉田《よしだ》が声《こえ》をあげた。

「可能性《かのうせい》があるものは手当《てあ》たり次第試《しだいため》してみるしかない。食《た》べてくれたらラッキー」

そう言《い》いながら梅元《うめもと》はイチゴのヘタを取《と》ると、タンタンに見《み》つからないよう薬《くすり》の錠剤《じょうざい》を果肉《かにく》の奥《おく》まで押《お》し込《こ》んだ。

「タンタンおいで、イチゴだよ」

梅元《うめもと》が一番期待《いちばんきたい》していたのが、この完熟《かんじゅく》イチゴ。甘味《あまみ》に加《くわ》えイチゴ特有《とくゆう》の濃厚《のうこう》な香《かお》りもあるため、薬《くすり》のにおいを消《け》してくれるのではないか。梅元《うめもと》はかすかな期待《きたい》を抱《いだ》きながらイチゴを柵《さく》の隙間《すきま》から差《さ》し入《い》れ、コンクリートの上《うえ》に置《お》いた。

「タンタン、おいでおいで。甘《あま》くておいしいよ」

タンタンは梅元《うめもと》の呼《よ》びかけを面倒《めんどう》くさそうに聞《き》きながらイチゴに近《ちか》づいてきた。

クンクン　クンクン
においをかいだ次《つぎ》の瞬間《しゅんかん》、フー。まるでため息《いき》をつくように大《おお》きく息《いき》を吐《は》き出《だ》すと、くるりと背《せ》を向《む》けてしまった。呆然《ぼうぜん》と見《み》つめる梅元《うめもと》。失敗《しっぱい》だ――。

続《つづ》いて試《ため》したのは、サツマイモ。甘味《あまみ》を増《ま》すため蒸《む》したふかし芋《いも》を与《あた》えてみた。においをかぐとタンタン、今度《こんど》は指先《ゆびさき》でサツマイモをはじき飛《と》ばした。大失敗《だいしっぱい》だ——。

「いくらなんでも、これはひどい。悲《かな》しくなるわ」

相手《あいて》にもされなかったサツマイモを拾《ひろ》いながら梅元《うめもと》はうつむいた。この後《あと》も梅元《うめもと》がこれはと選《えら》んできたものはすべて失敗《しっぱい》に終《お》わり、思惑《おもわく》はものの見事《みごと》に打《う》ち砕《くだ》かれた。

「いったい、なんだったら食《た》べてくれるんだろう」

タンタンのいない空《から》のスクイズケージを前《まえ》に梅元《うめもと》がぽつりとつぶやいた。吉田《よしだ》と菅野《かんの》獣医師《じゅういし》で今後《こんご》の治療方針《ちりょうほうしん》を話《はな》し合《あ》ったが、薬《くすり》を飲《の》んでくれなければなにも先《さき》には進《すす》めない。三人《にん》は途方《とほう》に暮《く》れるしかなかった。

薬《くすり》をどう飲《の》ませるかと並行《へいこう》して、梅元《うめもと》と吉田《よしだ》にはもうひとつ力《ちから》を注《そそ》いでいることがある。

「ええやん、ええやん。ほんまええやん」

臨時休園《りんじきゅうえん》のため観覧者《かんらんしゃ》のいない屋内展示場《おくないてんじじょう》の通路《つうろ》で、梅元《うめもと》がカメラを構《かま》えている。ガラス越《ご》しに写《うつ》しているのは寝台《しんだい》でごろごろするタンタンの寝姿《ねすがた》。舌《した》を出《だ》して手《て》をなめたり、後《うし》ろあしを片方持《かたほうも》ち上《あ》げたりする瞬間《しゅんかん》、身《み》を乗《の》り出《だ》してシャッターを切《き》る。

「これにしようかな」

控《ひか》え室《しつ》に戻《もど》ってくると梅元《うめもと》は、撮影《さつえい》した写真《しゃしん》や動画《どうが》のなかからタンタンの特徴《とくちょう》をよくとらえたものを選《えら》ぶ。そこに写《うつ》したときの状況《じょうきょう》などコメントを短《みじか》く添《そ》えると、SNSに投稿《とうこう》した。緊急事態宣言《きんきゅうじたいせんげん》によって動物園《どうぶつえん》は臨時休園《りんじきゅうえん》しているが、多《おお》くの人《ひと》たちからタンタンの病状《びょうじょう》を心配《しんぱい》する声《こえ》が寄《よ》せられている。二人《ふたり》の飼育員《しいくいん》は少《すこ》しでもタンタンの様子《ようす》を知《し》ってもらおうと、日《ひ》に何度《なんど》も投稿《とうこう》するようにしている。

そして、一日《いちにち》の終《お》わりの投稿《とうこう》で、梅元《うめもと》が必《かなら》ず添《そ》える一言《ひとこと》がある。

#また明日《あした》ね

この一言《ひとこと》には「明日《あした》もまたタンタンに会《あ》えるように」という、梅元《うめもと》の強《つよ》い願《ねが》いが込《こ》められている。

梅元《うめもと》と吉田《よしだ》の投稿《とうこう》には、タンタンを応援《おうえん》する人《ひと》たちから多《おお》くのコメントが寄《よ》せられる。なかには頑張《がんば》るタンタンから力《ちから》をもらっているという感謝《かんしゃ》の言葉《ことば》が書《か》き込《こ》まれることも。

心臓疾患《しんぞうしっかん》に立《た》ち向《む》かうタンタンは、かわいいパンダという枠《わく》を超《こ》え、多《おお》くの人《ひと》に勇気《ゆうき》と希《き》望《ぼう》を与《あた》える存在《そんざい》になっているのだ。

5月《がつ》に入《はい》ると早《はや》くも気温《きおん》が25℃を超《こ》える日《ひ》もあり、季節《きせつ》は夏《なつ》へと変《か》わろうとしていた。でもパンダ舎《しゃ》では依然《いぜん》として、タンタンが薬《くすり》を拒絶《きょぜつ》する日々《ひび》を抜《ぬ》け出《だ》せずにいる。

そんなある日《ひ》、観覧者《かんらんしゃ》のいない園内《えんない》を歩《ある》く吉田《よしだ》の姿《すがた》があった。12年間《ねんかん》、こつこつ積《つ》み重《かさ》ねてきたタンタンの好《この》みに関《かん》する記憶《きおく》をさかのぼるうち、ふとあるものを思《おも》い出《だ》したのだ。

「ちょっと、お願《ねが》いがあるんやけど」

訪《たず》ねた先《さき》はなぜかゾウ舎《しゃ》。王子動物園《おうじどうぶつえん》には2頭《とう》のアジアゾウが暮《く》らしている。やんちゃな性格《せいかく》の雄《おす》のマックと、優《やさ》しくて甘《あま》えん坊《ぼう》な雌《めす》のズゼ。いつもズゼのことを気遣《きづか》うマックの姿《すがた》が話題《わだい》となり、2頭《とう》はタンタンと並《なら》んで王子動物園《おうじどうぶつえん》の人気者《にんきもの》となっている。

でも、ゾウが普段《ふだん》食《た》べているのは青草《あおくさ》とかカボチャのはず。タンタンの薬《くすり》を隠《かく》せるようなものは思《おも》い当《あ》たらないが……。

「これやろ」ゾウの飼育員《しいくいん》が、黄色《きいろ》くて長《なが》い節《ふし》だらけの棒《ぼう》を手渡《てわた》した。これは砂糖《さとう》の原《げん》料《りょう》としても使《つか》われるサトウキビ。マックもズゼも甘《あま》いサトウキビが大好物《だいこうぶつ》なのだ。

「昔《むかし》、タンタンが竹《たけ》を食《た》べなくなったときに与《あた》えてみたら食《た》べたのを思《おも》い出《だ》して。試《ため》してみる価値《かち》があるんじゃないかと」

ゾウの飼育員《しいくいん》にサトウキビの目的《もくてき》を説明《せつめい》すると、吉田《よしだ》は特殊《とくしゅ》な切断器《せつだんき》を使《つか》って長《なが》いサトウキビの茎《くき》を2cmほどの長《なが》さにカットした。竹《たけ》のようにかたい皮《かわ》の内側《うちがわ》には、やわらかい繊維《せんい》がつまっていて、ここに砂糖《さとう》の原料《げんりょう》にもなる甘《あま》い汁《しる》が満《み》ちている。サトウキビの甘《あま》さなら、ひょっとすると薬《くすり》のにおいと苦《にが》みを隠《かく》してくれるかもしれない。これこそ、吉田《よしだ》がたどり着《つ》いた作戦《さくせん》だった。

「タンタン、おいで」

カットしたサトウキビに薬《くすり》を忍《しの》ばせて、タンタンに与《あた》えてみることにした。柵《さく》の隙間《すきま》からコンクリートの床《ゆか》に置《お》くとタンタンが興味《きょうみ》を持《も》って近《ちか》づいてきた。

手《て》に取《と》ってにおいをかぐ。

クンクン　クンクン
吉田《よしだ》と梅元《うめもと》は少《すこ》し離《はな》れた場所《ばしょ》から息《いき》をひそめて見守《みまも》っている。緊張《きんちょう》の一瞬《いっしゅん》。

郵便はがき

料金受取人払郵便

小石川支店承認

1170

差出有効期間
2026年9月30
日まで

112-8731

東京都文京区音羽二丁目
十二番二十一号

講談社　第三事業本部

MOVE編集部　行

お名前	年齢 歳	学年
	性別 1 男　2 女	

この本の書名をお書きください

この本を購入された書店名をお書きください

ご感想・ご意見を広告やウェブサイト、本のPRに使わせていただいてよろしいですか？

1. 実名で可　　2. 匿名で可　　3. 不可

TY 2201001-2410

愛読者カード

これから出版する本の参考にさせていただきます。
あなたのご意見・ご感想をぜひおきかせください。(切手はいりません)

●この本をお求めになったきっかけは？（○印はいくつでも可）

1 著者　2 書名　3 表紙　4 本の作り　5 帯の文章
6 先生や親にすすめられたので　7 新聞・雑誌で紹介されていた
8 プレゼントされた　9 その他（　　　　　　　　　　）

●最近お読みになって面白かった書籍と、その理由をお教え下さい。

●今後、取り上げてほしいテーマなどございましたらお教え下さい。

●著者へのメッセージ、この本のご感想などをどうぞ

―― ご協力ありがとうございました ――

フー。ため息《いき》をつくように息《いき》を吐《は》くと、タンタンはサトウキビを床《ゆか》に置《お》き、立《た》ち去《さ》っていった。梅元《うめもと》はすぐにサトウキビを拾《ひろ》い上《あ》げると、においをかいでみる。

「うーん。なんでわかるんだろうね？　すごいな」

人間《にんげん》の嗅覚《きゅうかく》ではわからないなにかを、タンタンは感《かん》じとっているに違《ちが》いない。それでも吉田《よしだ》は、あきらめなかった。菅野獣医師《かんのじゅういし》と相談《そうだん》した後《あと》、控《ひか》え室《しつ》にあるパソコンに向《む》かうと、インターネットでなにかを検索《けんさく》し始《はじ》めた。画面《がめん》に映《うつ》し出《だ》されたのはサトウキビに関《かん》する無数《むすう》の商品《しょうひん》。マウスで画面《がめん》をスクロールしながら商品《しょうひん》をひとつひとつ確認《かくにん》していた吉田《よしだ》の目《め》が、あるものに留《と》まった。

サトウキビジュース。

人《ひと》が飲《の》むサトウキビジュースに細《こま》かく砕《くだ》いた薬《くすり》を溶《と》かせば、タンタンでも気《き》が付《つ》かないんじゃないか？

数日後《すうじつご》。注文《ちゅうもん》したサトウキビジュースがパンダ舎《しゃ》に届《とど》くと、最初《さいしょ》はそのまま飲《の》ませることに。梅元《うめもと》や吉田《よしだ》、獣医師《じゅういし》たちは初《はじ》めて与《あた》えるものはまず試《ため》すよう徹底《てってい》している。梅《うめ》元《もと》が与《あた》えたイチゴもふかし芋《いも》もそう。タンタンが嫌《いや》がることは絶対《ぜったい》にしない。
ゴクゴクゴク
薬《くすり》の入《はい》っていないサトウキビジュースを、タンタンはおいしそうに飲《の》み干《ほ》した。数日《すうじつ》間《かん》、与《あた》えて慣《な》れさせた後《あと》、吉田《よしだ》は満《まん》を持《じ》して準備《じゅんび》に取《と》りかかった。乳鉢《にゅうばち》に薬《くすり》の錠剤《じょうざい》を入《い》れ、すりつぶす。
ゴリゴリ　ゴリゴリ
薬《くすり》を細《こま》かくしながら、吉田《よしだ》は祈《いの》るような気持《きも》ちでいた。これがダメならまたふりだしに戻《もど》ってしまう。乳棒《にゅうぼう》をにぎる手《て》に、知《し》らず知《し》らずのうちに力《ちから》が入《はい》る。薬《くすり》を十分《じゅうぶん》細《こま》かくするとステンレスのバットに移《うつ》し替《か》え、サトウキビジュースを注《そそ》ぐ。見《み》た目《め》には薬《くすり》が入《はい》っているようには思《おも》えない。においをかいでも、人間《にんげん》の鼻《はな》ではおかしなところは感《かん》じられない。いよいよ準備《じゅんび》が整《ととの》った。バットを手《て》に取《と》ると吉田《よしだ》はゆっくりとタンタンが待《ま》つ寝室《しんしつ》へと近《ちか》づいていく。
「タンタン、ちょっとええか？」
横《よこ》になってあくびをしているタンタンに優《やさ》しく声《こえ》をかけると、吉田《よしだ》は柵《さく》の下側《したがわ》にある隙《すき》間《ま》からバットを差《さ》し入《い》れた。なみなみと注《そそ》がれた透明《とうめい》な液体《えきたい》に興味《きょうみ》を持《も》ったのか、すくっと立《た》ち上《あ》がると近《ちか》づいてきた。しばらくにおいをかいだり眺《なが》めたりしていたが、次《つぎ》の瞬間《しゅんかん》！

ビチャビチャビチャ

音《おと》を立《た》て、ジュースをすすり始《はじ》めた！　薬《くすり》が入《はい》っていることにはまるで気《き》づかないのか、一心不乱《いっしんふらん》に飲《の》んでいる。平《ひら》たいバットいっぱいに入《はい》っていたジュースはどんどん少《すく》なくなり、それに合《あ》わせ吉田《よしだ》はタンタンが飲《の》みやすいよう、バットを傾《かたむ》けていく。

気《き》が付《つ》けばタンタンは、薬入《くすりい》りのジュー

スを最後《さいご》の一滴《いってき》まで飲《の》み干《ほ》した。

思《おも》わずこぶしをにぎると、吉田《よしだ》は小《ちい》さくガッツポーズを作《つく》った。

「よっしゃ！　飲《の》んだぞ！」

喜《よろこ》びの声《こえ》をあげる吉田《よしだ》を、タンタンはあくびをしながら眺《なが》めていた。


吉田憲一《よしだけんいち》が王子動物園《おうじどうぶつえん》で働《はたら》くようになったきっかけは、ほかの飼育員《しいくいん》とは少《すこ》し異《こと》なっている。神戸市内《こうべしない》で生《う》まれ、小《ちい》さいころは野球《やきゅう》とサッカーに打《う》ち込《こ》んでいて、特別《とくべつ》、動物《どうぶつ》が好《す》きなわけではなかった。代《か》わりに興味《きょうみ》を持《も》ったのが植物《しょくぶつ》だった。

おじいさんが植物《しょくぶつ》の種《たね》などを販売《はんばい》する苗屋《なえや》さんだったことから、家《いえ》の庭《にわ》にはたくさんの花《はな》や木《き》が植《う》えられており、自然《しぜん》と植物《しょくぶつ》が好《す》きになっていた。神戸市役所《こうべしやくしょ》に勤《つと》めたきっかけも、植物《しょくぶつ》の世話《せわ》がしたかったから。公園《こうえん》の花《はな》の手入《てい》れや、樹木《じゅもく》の剪定《せんてい》をする造園手《ぞうえんしゅ》として就職《しゅうしょく》した。六甲山《ろっこうさん》の登山道《とざんどう》に生《は》える樹木《じゅもく》や、梅林《ばいりん》の管理《かんり》を担当《たんとう》し、自分《じぶん》が手《て》をかけたぶんだけ生長《せいちょう》する植物《しょくぶつ》を見《み》ていると大《おお》きなやりがいを感《かん》じた。

ずっと植物《しょくぶつ》を相手《あいて》にする仕事《しごと》を続《つづ》けていくことも考《かんが》えたが、同《おな》じように自分《じぶん》が手《て》をかけることで動物《どうぶつ》が成長《せいちょう》する飼育員《しいくいん》の仕事《しごと》にも興味《きょうみ》がわき、王子動物園《おうじどうぶつえん》にやってきた。

そんな異例《いれい》の経歴《けいれき》を経《へ》て飼育員《しいくいん》になった吉田《よしだ》は、ゾウを皮切《かわき》りにペンギン、アリクイ、アシカ、マヌルネコ、ヤマアラシ、コモンリスザルなどを経験《けいけん》したのち、2009年《ねん》から梅元《うめもと》と一緒《いっしょ》にタンタンを担当《たんとう》することになった。

タンタンの飼育《しいく》をまかされることが決《き》まったとき、吉田《よしだ》は特別気負《とくべつきお》うことはせず、ほかの動物《どうぶつ》たちと同《おな》じように接《せっ》しようと決《き》めていた。ところが実際《じっさい》に担当《たんとう》すると、すぐに難《むずか》しさを痛感《つうかん》した。エサの好《この》みが激《はげ》しく、与《あた》えた竹《たけ》をまったく食《た》べてくれないことすらある。

途方《とほう》に暮《く》れた吉田《よしだ》に、ある考《かんが》えがひらめいた。タンタンが好《す》きな竹《たけ》を植《う》えればいいんじゃないか？

自分《じぶん》には造園手《ぞうえんしゅ》として長年《ながねん》、植物《しょくぶつ》を栽培《さいばい》してきた経験《けいけん》がある。その技術《ぎじゅつ》を生《い》かせば、タンタンが食《た》べたい竹《たけ》をいつでも与《あた》えることができる。それから吉田《よしだ》は、どこへ行《い》ってもその土地《とち》の竹《たけ》を気《き》にするようにし、珍《めずら》しい竹《たけ》を動物園内《どうぶつえんない》の茂《しげ》みで育《そだ》て始《はじ》めた。

いかなるときも、吉田《よしだ》の頭《あたま》にあるのはタンタンが食《た》べる竹《たけ》のこと。

そんな吉田《よしだ》にはひとつの信念《しんねん》がある。

――タンタンが食《た》べるものに関《かん》しては、絶対《ぜったい》に自分《じぶん》がなんとかしてみせる。

その後《ご》も、サトウキビジュースに薬《くすり》を入《い》れる方法《ほうほう》はタンタンに見破《みやぶ》られることなく、毎《まい》日《にち》きちんと薬《くすり》を飲《の》ませることができた。それにともない、タンタンは少《すこ》しずつ元気《げんき》を取《と》り戻《もど》し、天気《てんき》がよい日《ひ》には運動場《うんどうじょう》に出《で》て散歩《さんぽ》するようにもなった。そして、散歩《さんぽ》から戻《もど》ると、鉄《てつ》の扉《とびら》の前《まえ》に座《すわ》ってなにかをアピール。

「お腹《なか》すいたの？　ちょっと待《ま》っててね」

そう言《い》って梅元《うめもと》は食事《しょくじ》の準備《じゅんび》に取《と》りかかる。食欲《しょくよく》も戻《もど》り、竹《たけ》をもりもり食《た》べるようになった。やせ細《ほそ》った体《からだ》も、元《もと》に戻《もど》っていく。

「あっ！　お腹《なか》トントン始《はじ》まったよ」

梅元《うめもと》が吉田《よしだ》に声《こえ》をかけると、二人《ふたり》は作業《さぎょう》の手《て》を止《と》め、屋内展示場《おくないてんじじょう》の壁《かべ》にもたれながら座《すわ》るタンタンに目《め》をやった。

トントン　トントン　トトトトトン

手《て》で小刻《こきざ》みにお腹《なか》を叩《たた》く。リズミカルでまるで腹鼓《はらつづみ》を打《う》っているようにも見《み》える。

「あれ、最近増《さいきんふ》えたよね」

もしかしたら、前《まえ》からやっていたのかもしれない。でも、薬《くすり》を飲《の》んでくれないときはそんなことに気《き》が付《つ》く余裕《よゆう》すらなかった。

少《すこ》しずつだが、平和《へいわ》な日常《にちじょう》が戻《もど》ってきた。この先《さき》、タンタンを待《ま》ち受《う》けている道《みち》のりは、決《けっ》して平《へい》たんではなく、つらく険《けわ》しいものに違《ちが》いない。それでも梅元《うめもと》と吉田《よしだ》は、タンタンとなら乗《の》り越《こ》えていける、そう力強《ちからづよ》く思《おも》える自信《じしん》にあふれていた。

パンダコラム

タンタンから〈希望《きぼう》〉をもらっている人《ひと》たち

梅元《うめもと》さんと吉田《よしだ》さんが毎日《まいにち》のように投稿《とうこう》するSNSには、一生懸命治療《いっしょうけんめいちりょう》に取《と》り組《く》むタンタンに勇気《ゆうき》をもらった、励《はげ》まされたという人《ひと》たちのメッセージもたくさん寄《よ》せられます。

いったいどのような事情《じじょう》から、パンダのタンタンから希望《きぼう》や勇気《ゆうき》をもらっているのか、少《すこ》し紹介《しょうかい》しましょう。

ヒロシさん

タンタンが中国《ちゅうごく》から来日《らいにち》したころから動物園《どうぶつえん》に通《かよ》い、タンタンの写真《しゃしん》を撮《と》り続《つづ》けています。これまでに撮影《さつえい》したのはなんと22万枚《まんまい》！　一番《いちばん》のお気《き》に入《い》りは、タンタンの両耳《りょうみみ》と頭《あたま》のてっぺんだけが写《うつ》った1枚《まい》だそうです。

ヒロシさんがタンタンに励《はげ》まされるようになったきっかけは地震《じしん》のあとタンタンと出会《であ》ったことでした。1995年《ねん》の阪神《はんしん》・淡路大震災《あわじだいしんさい》で自宅《じたく》が全壊《ぜんかい》し、なかなか立《た》ち直《なお》れずにいたとき、王子動物園《おうじどうぶつえん》をたまたま訪《おとず》れました。暗《くら》い気分《きぶん》でパンダ舎《しゃ》を見《み》ていたら、タンタンが元気《げんき》よく近寄《ちかよ》ってきて「おっちゃん元気《げんき》だしなよ」と語《かた》りかけてきたように感《かん》じたそうです。見《み》ている人《ひと》に元気《げんき》がなくても、気持《きも》ちを広《ひろ》げてくれる力《ちから》をタンタンは持《も》っているんですね。

よしこさん

末期《まっき》がんを患《わずら》っていたお母《かあ》さんの看病《かんびょう》で身《み》も心《こころ》も疲《つか》れきっていたとき、癒《い》やしてくれたのがタンタンでした。赤《あか》ちゃんとパートナーのコウコウを亡《な》くし、偽育児《ぎいくじ》に苦《くる》しみながらも懸命《けんめい》に生《い》きるタンタンの姿《すがた》から、希望《きぼう》と勇気《ゆうき》をもらったそうです。

お母《かあ》さんを看病《かんびょう》する脇《わき》で、羊毛《ようもう》フェルトでタンタンの人形《にんぎょう》を作《つく》るようになり、現《げん》在《ざい》その数《かず》は100を超《こ》えるまでに増《ふ》えています。

ようこさん

タンタンの病気《びょうき》が発表《はっぴょう》されると、ようこさんは各地《かくち》の神社《じんじゃ》を訪《たず》ねタンタンの回復《かいふく》を祈願《きがん》しました。その数《かず》、実《じつ》に250か所《しょ》。そこまでした理由《りゆう》は、ようこさん自身《じしん》がタンタンに救《すく》われたからでした。

新型《しんがた》コロナウイルスがまん延《えん》すると、ようこさんは家《いえ》からほとんど出《で》なくなり笑《わら》う機会《きかい》がなくなってしまいました。そんなとき1人《ひとり》で王子動物園《おうじどうぶつえん》を訪《おとず》れタンタンを眺《なが》めていたら、かわいいしぐさに自然《しぜん》と顔《かお》がほころび、笑顔《えがお》を取《と》り戻《もど》すことができたそうです。タンタンはコロナ禍《か》の孤独《こどく》から救《すく》ってくれた恩人《おんじん》、というわけです。

かおりさん

SNSにはタンタンがハズバンダリートレーニングに打《う》ち込《こ》む様子《ようす》や、頑張《がんば》って薬《くすり》を飲《の》む姿《すがた》も紹介《しょうかい》されています。その投稿《とうこう》に励《はげ》まされているのが、かおりさんです。

かおりさんは高校生《こうこうせい》のとき、手足《てあし》の筋力《きんりょく》が弱《よわ》くなる原因不明《げんいんふめい》の病気《びょうき》に襲《おそ》われました。不安《ふあん》で押《お》しつぶされそうになったとき、背中《せなか》を押《お》してくれたのがタンタンでした。タンタンが率先《そっせん》して腕《うで》を出《だ》して採血《さいけつ》してもらう姿《すがた》や治療《ちりょう》に励《はげ》む姿《すがた》を見《み》ていると、自分《じぶん》も病気《びょうき》に立《た》ち向《む》かう勇気《ゆうき》をもらえるそうです。

ヒロシさんのお気《き》に入《い》り写真《しゃしん》

よしこさんの羊毛《ようもう》フェルトで作《つく》った人形《にんぎょう》

5.

タンタン、最大《さいだい》のピンチに

2021年《ねん》、6月《がつ》21日《にち》。

緊急事態宣言《きんきゅうじたいせんげん》が解除《かいじょ》されると、王子動物園《おうじどうぶつえん》は約《やく》2か月《げつ》ぶりに再開《さいかい》されることになった。この日《ひ》は月曜日《げつようび》にもかかわらず入場《にゅうじょう》ゲートには開園前《かいえんまえ》から長《なが》い列《れつ》ができた。多《おお》くの人《ひと》がカメラを手《て》にし、服《ふく》やカバンにはタンタンのキーホルダーやバッジをつけ、いまかいまかとその瞬間《しゅんかん》を待《ま》ちわびている。そしてついに、念願《ねんがん》の時《とき》が訪《おとず》れた。

「タンタン！　久《ひさ》しぶり!!」

「元気《げんき》でいてくれたのね。よかった」

屋内展示場《おくないてんじじょう》のガラスの向《む》こうでのんびり寝《ね》ているタンタンに呼《よ》びかけたり、手《て》を振《ふ》ったり。なかには久《ひさ》しぶりにタンタンを見《み》ることができて、うれし涙《なみだ》を流《なが》す人《ひと》も。

心臓疾患《しんぞうしっかん》が発表《はっぴょう》されてすぐ、新型《しんがた》コロナウイルスの影響《えいきょう》で動物園《どうぶつえん》は臨時休園《りんじきゅうえん》に入《はい》ってしまったので、みんなタンタンに再《ふたた》び会《あ》えるこの日《ひ》を心待《こころま》ちにしていたのだ。ガラス越《ご》しに見《み》るタンタンは、ときどき舌《した》で手《て》をなめて毛《け》づくろいをするなど、以前《いぜん》と変《か》わらぬしぐさをしている。その様子《ようす》を見《み》て、観覧者《かんらんしゃ》たちはホッと胸《むね》をなでおろした。

でも、控《ひか》え室《しつ》のモニターでタンタンの様子《ようす》を見《み》ている梅元《うめもと》と吉田《よしだ》は、どこか暗《くら》い表情《ひょうじょう》を浮《う》かべている。実《じつ》はこのところ、気《き》になることが起《お》きていた。

それは数日前《すうじつまえ》の朝《あさ》、天気《てんき》がよいのでタンタンを運動場《うんどうじょう》に出《だ》したときのことだった——


やぐらの下《した》で横《よこ》になったまま、ぜんぜん動《うご》こうとしなくなったのだ。

「外《そと》の気温《きおん》は何度《なんど》になった？」

運動場《うんどうじょう》を見渡《みわた》せる小《ちい》さな窓《まど》からタンタンの様子《ようす》をうかがいながら、吉田《よしだ》が口《くち》を開《ひら》いた。

「もう、25℃になるね」

デジタル式《しき》の温度計《おんどけい》を確認《かくにん》して梅元《うめもと》が答《こた》える。

「まずいなあ。暑《あつ》すぎるやろ」

二人《ふたり》が気《き》にしているのは外《そと》の気温《きおん》。パンダは中国内陸部《ちゅうごくないりくぶ》、寒冷《かんれい》な山岳地帯《さんがくちたい》に暮《く》らす動物《どうぶつ》なので、暑《あつ》さが苦手《にがて》。梅元《うめもと》たちは外《そと》の気温《きおん》が25℃になる前《まえ》には必《かなら》ず、冷房《れいぼう》の利《き》いた室内《しつない》にタンタンを戻《もど》すことに決《き》めていた。いままでなら日差《ひざ》しが強《つよ》くなる9時《じ》ごろにはタンタンが自分《じぶん》から室内《しつない》に戻《もど》ってきた。ところがこのところ、いつまで経《た》ってもやぐらの下《した》から動《うご》かないことが多《おお》くなった。

「おーい、タンタン」

しびれを切《き》らした梅元《うめもと》が、窓《まど》からタンタンに声《こえ》をかける。

「ちょっと扉《とびら》を、開《あ》け閉《し》めしてみるわ」

吉田《よしだ》は運動場《うんどうじょう》から室内《しつない》に入《はい》る鉄《てつ》の扉《とびら》を動《うご》かし始《はじ》めた。音《おと》を立《た》てることでタンタンを起《お》こそうという狙《ねら》いだ。それでもタンタン、ちっとも動《うご》く素振《そぶ》りを見《み》せない。そうこうしているうちに気温《きおん》はぐんぐん上《あ》がっていく。このままでは、熱中症《ねっちゅうしょう》になってしまう。

「タンタン、戻《もど》ってこい」

「おーい、タンタン」

焦《あせ》りの表情《ひょうじょう》を浮《う》かべ、二人《ふたり》はさらに大《おお》

きな声《こえ》をあげる。ようやくタンタンがゆっくりと起《お》き上《あ》がったのは、1時間近《じかんちか》くも経《た》ってからだった。

暑《あつ》さで少《すこ》しぼーっとしているためか、足元《あしもと》が定《さだ》まらない様子《ようす》で室内《しつない》へと戻《もど》ってきた。心《しん》配《ぱい》そうに見《み》つめる二人《ふたり》をよそに、タンタンは寝室《しんしつ》でまた横《よこ》になってしまった。

「タンタン、どうしたんだよ？　体調《たいちょう》、悪《わる》いの？」

肩《かた》で息《いき》をするタンタンに、梅元《うめもと》は心配《しんぱい》そうに語《かた》りかけた。


梅元《うめもと》と吉田《よしだ》が気《き》になっていることはもうひとつ。

「ちょっとこれ見《み》てみ」

朝《あさ》の掃除中《そうじちゅう》、タンタンのうんちを集《あつ》めていた吉田《よしだ》が梅元《うめもと》に声《こえ》をかけた。

「いつもより小《ちい》さいし、量《りょう》も少《すく》ない」

ちり取《と》りのうんちを見《み》て、梅元《うめもと》が答《こた》える。実《じつ》はこのところ、タンタンは便秘気味《べんぴぎみ》なのか、うんちの量《りょう》が減《へ》っていた。こうした体調《たいちょう》の変化《へんか》の理由《りゆう》について、梅元《うめもと》と吉田《よしだ》には心《こころ》当《あ》たりがあった。

「朝《あさ》ごはんだよ。食《た》べておいで」

寝室《しんしつ》で寝《ね》ているタンタンに、梅元《うめもと》が声《こえ》をかける。掃除《そうじ》が終《お》わってピカピカに磨《みが》かれた屋《おく》内展示場《ないてんじじょう》には、いつものように数種類《すうしゅるい》の竹《たけ》とタケノコが並《なら》んでいる。タンタンはゆっくりと現《あらわ》れると、お気《き》に入《い》りのタイヤに腰《こし》かけて、食事《しょくじ》をとる体勢《たいせい》に。まずは好物《こうぶつ》のタケノコに手《て》を伸《の》ばす。周《まわ》りの皮《かわ》を歯《は》で器用《きよう》にめくると、口《くち》いっぱいに頬張《ほおば》る。

バリバリ　バリバリ
おいしそうに音《おと》を立《た》て、あっという間《ま》に平《たい》らげた。続《つづ》いて竹《たけ》を食《た》べるのかと思《おも》いきや、タイヤから腰《こし》を上《あ》げて食《た》べるのをやめてしまった。実《じつ》はタンタン、ここ数日《すうじつ》タケノコばかり食《た》べて竹《たけ》をまったく食《た》べていない。主食《しゅしょく》である竹《たけ》を食《た》べないから、便秘《べんぴ》気味《ぎみ》なのだ。いつもよりも動《うご》きが鈍《にぶ》い。そして竹《たけ》を食《た》べない。こうしたタンタンの行動《こうどう》を見《み》て、梅元《うめもと》と吉田《よしだ》の脳裏《のうり》にある体調の変化が浮《う》かんだ。

書類棚《しょるいだな》から大《おお》きなファイルを取《と》り出《だ》すと、梅元《うめもと》は分厚《ぶあつ》い資料《しりょう》をめくり始《はじ》めた。ファイルには、毎日《まいにち》書《か》き留《と》めている飼育記録《しいくきろく》がまとめられている。1年前《ねんまえ》の8月《がつ》の記録《きろく》を見《み》ていたとき、ページをめくる手《て》が止《と》まった。

「去年《きょねん》、兆候《ちょうこう》が出始《ではじ》めたのは8月《がつ》だったか……」

梅元《うめもと》は1年前《ねんまえ》の記憶《きおく》をたどりながらつぶやいた。ある体調《たいちょう》の変化《へんか》とは、偽妊娠《ぎにんしん》と偽育《ぎいく》児《じ》。タンタンの様子《ようす》がおかしいのは、パンダ特有《とくゆう》の妊娠《にんしん》したような状態《じょうたい》になる偽妊娠《ぎにんしん》だからじゃないのか？　その場合《ばあい》、子《こ》どもを産《う》んだつもりになる偽育児《ぎいくじ》にまで発展《はってん》してしまうかもしれない。

去年《きょねん》までは元気《げんき》だったから食事《しょくじ》の量《りょう》が減《へ》ってもなんとか乗《の》り越《こ》えることができた。でも今年《ことし》は、心臓《しんぞう》の病気《びょうき》を患《わずら》っている。食事《しょくじ》をとらず、薬《くすり》入《い》りのサトウキビジュースも飲《の》まなくなってしまったら、病気《びょうき》の進行《しんこう》を抑《おさ》えることができなくなるかもしれない。梅元《うめもと》と吉田《よしだ》はすぐに菅野獣医師《かんのじゅういし》に連絡《れんらく》をとった。

パンダ舎《しゃ》に訪《おとず》れた菅野獣医師《かんのじゅういし》は二人《ふたり》の報告《ほうこく》を受《う》け、まずタンタンの胸《むね》に聴診器《ちょうしんき》をあてた。ドクン……ドクン……ドクン……。いまのところ、聴診器《ちょうしんき》から聞《き》こえてくる鼓動《こどう》に変化《へんか》はない。薬《くすり》がきちんと効《き》いているようだ。それでも今後《こんご》、偽妊娠《ぎにんしん》・偽育児《ぎいくじ》へとつながってしまえばどんなことが起《お》こるかまったく想像《そうぞう》がつかない。今後《こんご》の対策《たいさく》を練《ね》るにあたり、菅野獣医師《かんのじゅういし》がまず、偽育児《ぎいくじ》がはじまるとタンタンの体内《たいない》でどんな変化《へんか》が起《お》きるのか説明《せつめい》してくれた。

「例年《れいねん》、偽育児《ぎいくじ》の兆候《ちょうこう》が出《で》ると食事量《しょくじりょう》が落《お》ち込《こ》むため、血糖値《けっとうち》が低下《ていか》します。それにともない免疫力《めんえきりょく》も低下《ていか》します。風邪《かぜ》など、元気《げんき》な状態《じょうたい》ならあまりかからない病気《びょうき》にもかかりやすくなってしまいます」

一通《ひととお》り偽育児《ぎいくじ》がタンタンに与《あた》える影響《えいきょう》の説明《せつめい》を受《う》けた後《あと》、梅元《うめもと》は一番《いちばん》気《き》になっていることを尋《たず》ねた。

「毎年《まいとし》偽育児《ぎいくじ》が始《はじ》まると、タンタンは1か月《げつ》くらいはうちらの言《い》うことを聞《き》かなくなるやろ？　投薬《とうやく》が止《と》まってしまったらまずいよな？」

その質問《しつもん》に菅野獣医師《かんのじゅういし》は大《おお》きくうなずいた。

「サトウキビジュースのおかげでやっと薬《くすり》を飲《の》みだして、心臓《しんぞう》の状態《じょうたい》も落《お》ち着《つ》いてきています。この状態《じょうたい》を維持《いじ》するためにも投薬《とうやく》は絶対《ぜったい》に続《つづ》けないといけない」

予想《よそう》どおりの答《こた》えに、梅元《うめもと》と吉田《よしだ》はうつむいて黙《だま》り込《こ》んでしまった。偽育児《ぎいくじ》が始《はじ》まると、それまで食《た》べていたものも口《くち》にしなくなることが、いままでよく起《お》きている。もしかすると、サトウキビジュースも受《う》け付《つ》けなくなってしまうかもしれない。そうなる前《まえ》に、薬《くすり》を飲《の》ませる方法《ほうほう》を増《ふ》やしておかなくては——。

「ボウルと材料《ざいりょう》を用意《ようい》したから始《はじ》めようか？」

次《つぎ》の日《ひ》の午後《ごご》。梅元《うめもと》は吉田《よしだ》に声《こえ》をかけ、かつてコウコウが暮《く》らしていた屋内展示場《おくないてんじじょう》に入《はい》っていった。壁一枚《かべいちまい》はさんで隣《となり》の展示場《てんじじょう》で寝《ね》ているタンタンは、二人《ふたり》の動《うご》きを察知《さっち》して、ピコピコピコピコ耳《みみ》を動《うご》かして様子《ようす》を探《さぐ》っている。『いったいなにをしているのかしら？』と気《き》になるようだ。

二人《ふたり》が用意《ようい》したのは大豆《だいず》や米《こめ》、竹《たけ》の葉《は》を粉末状《ふんまつじょう》にしたもの。それらをボウルに入《い》れ、水《みず》と卵《たまご》を加《くわ》えて混《ま》ぜ始《はじ》めた。

「ちょっと、黒糖《こくとう》とサトウキビの粉末《ふんまつ》を多《おお》めに入《い》れようか？」

そう言《い》うと吉田《よしだ》は、黒糖《こくとう》とサトウキビの粉末《ふんまつ》をいつもより一《ひと》つまみ多《おお》く手《て》に取《と》り、ボウルに加《くわ》えた。

「いいね。団子《だんご》の甘味《あまみ》と香《かお》りが強《つよ》くなって薬《くすり》に気《き》づかれにくくなるかも」
ボウルの中《なか》の材料《ざいりょう》をかき混《ま》ぜながら、梅元《うめもと》が答《こた》えた。これはパンダ団子《だんご》。サトウキビジュースのほかに薬《くすり》のにおいを消《け》せるものはないか、改《あらた》めてタンタンに与《あた》えてきた食《た》べ物《もの》を振《ふ》り返《かえ》ったとき、二人《ふたり》が思《おも》いついたのがパンダ団子《だんご》だった。香《かお》りが強《つよ》く、サトウキビや黒糖《こくとう》の甘味《あまみ》が加《くわ》わったパンダ団子《だんご》なら、薬《くすり》を入《い》れても食《た》べてくれるのでは？　二人《ふたり》は材《ざい》料《りょう》を十分《じゅうぶん》練《ね》ると、四角《しかく》く形《かたち》を整《ととの》えた。それをあらかじめ控《ひか》え室《しつ》に用意《ようい》しておいた蒸《む》し器《き》にセット。1時間後《じかんご》、ほんのり甘《あま》い香《かお》りのする特製《とくせい》パンダ団子《だんご》が完成《かんせい》した。

「タンタン、食《た》べる？」
できたばかりのパンダ団子《だんご》を小《ち》さく切《き》って、梅元《うめもと》は柵《さく》の隙間《すきま》から差《さ》し入《い》れた。団子《だんご》の中心《ちゅうしん》にはわからないよう、薬《くすり》を忍《しの》ばせてある。タンタンは鼻《はな》を近《ちか》づけてにおいをかぐと、両手《りょうて》で団子《だんご》を受《う》け取《と》った。
むしゃむしゃ
黒糖《こくとう》の甘味《あまみ》が気《き》に入《い》ったのか、団子《だんご》を味《あじ》わうかのようにゆっくりと口《くち》を動《うご》かしている。

そして、ごくりと飲《の》み込《こ》んだ。見事《みごと》、薬《くすり》に気《き》づかれず食《た》べてもらうことに成功《せいこう》した。

「やった！　食《た》べたよ」

その様子《ようす》を見《み》て、梅元《うめもと》は声《こえ》をあげて喜《よろこ》んだ。二人《ふたり》の努力《どりょく》でまたひとつ、タンタンに薬《くすり》を飲《の》ませる方法《ほうほう》が見《み》つかった。

その後《ご》もタンタンは偽妊娠《ぎにんしん》・偽育児《ぎいくじ》の兆候《ちょうこう》を見《み》せたが、二人《ふたり》のケアのおかげでなんとか大《おお》きく体調《たいちょう》を崩《くず》すことなく夏《なつ》を乗《の》りきることができた。

そして、再《ふたた》びあの日が近《ちか》づいてきた。


9月《がつ》16日《にち》。タンタン26歳《さい》の誕生日《たんじょうび》。

中国《ちゅうごく》に返還《へんかん》されることが決《き》まったため、王子動物園《おうじどうぶつえん》で過《す》ごす誕生日《たんじょうび》は去年《きょねん》が最後《さいご》だとみられていた。だが、新型《しんがた》コロナウイルスがまん延《えん》したことに加《くわ》え、タンタンに心臓疾患《しんぞうしっかん》が見《み》つかったことから返還《へんかん》は先送《さきおく》りに。その結果《けっか》、再《ふたた》び王子動物園《おうじどうぶつえん》で誕生日《たんじょうび》を迎《むか》えられることになったのだ。

「あのときの涙《なみだ》を返《かえ》してほしいよ」

1年前《ねんまえ》の誕生日《たんじょうび》、タンタンとの別《わか》れを想像《そうぞう》しながら涙《なみだ》を流《なが》した梅元《うめもと》は、照《て》れくさそうに苦笑《にがわら》いを浮《う》かべた。

「ほんまや。あれからあっという間《ま》やったな」

たった1年《ねん》でがらりと変《か》わった状況《じょうきょう》を振《ふ》り返《かえ》りながら、吉田《よしだ》はため息《いき》をついた。

タンタンの誕生日《たんじょうび》をまた一緒《いっしょ》に祝《いわ》えるのは、うれしい。

でも、タンタンが病気《びょうき》で苦《くる》しむ姿《すがた》を見《み》るのは、嫌《いや》だ。

複雑《ふくざつ》な気持《きも》ちを抱《かか》えながらも、二人《ふたり》は今年《ことし》もバースデーケーキを作《つく》ることにした。

ガリガリガリガリ
吉田《よしだ》がボタンを押《お》すと、かき氷器《ごおりき》からふわっふわの氷《こおり》が削《けず》り出《だ》されていく。窓《まど》から入《はい》る陽光《ようこう》で、氷《こおり》の粒《つぶ》がきらきらと美《うつく》しい輝《かがや》きを放《はな》つ。病気《びょうき》の今年《ことし》はタンタンの体調《たいちょう》を考《かんが》え、氷《こおり》のケーキも小《ちい》さめ。氷《こおり》の土台《どだい》に高《たか》さ30㎝ほどのかき氷《ごおり》をのせ、トッピングとしてタンタンが大好《だいす》きなリンゴやナシ、ブドウなどをあしらう。

そして極《きわ》め付《つ》きが、パンダ団子《だんご》で作《つく》ったプレート。プレートには同《おな》じく団子《だんご》を細長《ほそなが》くして作《つく》った「26」の文字《もじ》が飾《かざ》られている。去年《きょねん》に比《くら》べると大《おお》きさもデザインも控《ひか》えめだが、ひとつ年《とし》を重《かさ》ねることができたことを表《あらわ》す「26」の文字《もじ》に込《こ》めた二人《ふたり》の思《おも》いは、去年以《きょねんい》上《じょう》かもしれない。

「タンタン行《い》っておいで」

寝室《しんしつ》と屋内展示場《おくないてんじじょう》の間《あいだ》を仕切《しき》る鉄《てつ》の扉《とびら》を開《あ》けながら、梅元《うめもと》が声《こえ》をかけた。ゆっくりとタンタンが展示場《てんじじょう》に出《で》ていくのを確認《かくにん》すると、梅元《うめもと》は急《いそ》いでバックヤードから観覧通路《かんらんつうろ》へと移動《いどう》する。

通路《つうろ》には先《さき》に来《き》ていた吉田《よしだ》が手《て》すりにもたれかかり、タンタンの様子《ようす》をガラス越《ご》しに眺《なが》めていた。時刻《じこく》は午後《ごご》5時《じ》を回《まわ》り、動物園《どうぶつえん》はすでに閉《し》まっている。去年《きょねん》は大勢《おおぜい》いた報道陣《ほうどうじん》も、今年《ことし》は1人《ひとり》もいない。二人《ふたり》と一頭《いっとう》で誕生日《たんじょうび》を迎《むか》えられた喜《よろこ》びを、梅元《うめもと》は静《しず》かにかみしめていた。

「おい、なんか気《き》づいたっぽいよ」

物思《ものおも》いにふける梅元《うめもと》に、吉田《よしだ》が声《こえ》をかけた。タンタンがかき氷《ごおり》に手《て》を伸《の》ばしている。二人《ふたり》が苦心《くしん》して作《つく》ったフワフワのかき氷《ごおり》ではなく、つかんだのは好物《こうぶつ》のリンゴ。続《つづ》いてブドウ。そして、もうひとつリンゴを取《と》ろうと右手《みぎて》を伸《の》ばした瞬間《しゅんかん》。

「あー、あー、崩《くず》れる」

梅元《うめもと》が叫《さけ》ぶのと同時《どうじ》に、タンタンがかき氷《ごおり》をひっくり返《かえ》してしまった。粉々《こなごな》になった氷《こおり》の残骸《ざんがい》。「26」があしらわれたプレートも、床《ゆか》で砕《くだ》け散《ち》っている。その様子《ようす》を見《み》て、梅元《うめもと》と吉田《よしだ》は声《こえ》をあげて笑《わら》った。こんな日《ひ》がいつまでも続《つづ》けばどんなにうれしいことか。来年《らいねん》も二人《ふたり》と一頭《いっとう》で誕生日《たんじょうび》をお祝《いわ》いしたい――。

そう願《ねが》いながら梅元《うめもと》は、タンタンがリンゴを頬張《ほおば》る様子《ようす》をいつまでも眺《なが》めていた。

26歳《さい》のバースデーケーキ

パンダコラム

新型《しんがた》コロナウイルス感染症《かんせんしょう》と動物園《どうぶつえん》

２０１９年《ねん》に初《はじ》めて報告《ほうこく》された新型《しんがた》コロナウイルスは、世界的《せかいてき》な大流行《だいりゅうこう》、パンデミックとなり大《おお》きな被害《ひがい》を引《ひ》き起《お》こしました。２０２０年《ねん》の１年間《ねんかん》で、感染者《かんせんしゃ》は全世《ぜんせ》界《かい》で約《やく》８３００万人《まんにん》にのぼり、死者《ししゃ》は１８０万人《まんにん》にも達《たっ》します。

日本《にっぽん》でも感染《かんせん》の拡大《かくだい》を防《ふせ》ぐため、人々《ひとびと》の暮《く》らしは大《おお》きく変《か》わりました。学校《がっこう》は臨時《りんじ》休校《きゅうこう》となり、大人《おとな》たちも会社《かいしゃ》に出勤《しゅっきん》するのを避《さ》け、家《いえ》で仕事《しごと》をする在宅勤務《ざいたくきんむ》が広《ひろ》がりました。飲食店《いんしょくてん》の多《おお》くも休業《きゅうぎょう》し、全国《ぜんこく》でステイホームが叫《さけ》ばれたのです。

動物園《どうぶつえん》も感染拡大《かんせんかくだい》を防《ふせ》ぐ目的《もくてき》で、多《おお》くが臨時休園《りんじきゅうえん》の措置《そち》をとりました。それでも、動物《どうぶつ》たちは毎日《まいにち》食《た》べ物《もの》が必要《ひつよう》ですし、掃除《そうじ》などの世話《せわ》もしなくてはなりません。飼育《しいく》員《いん》や獣医師《じゅういし》たちは、ステイホームというわけにはいきませんでした。

さらに、どの動物《どうぶつ》を担当《たんとう》するかが細《こま》かく決《き》まっている飼育員《しいくいん》の場合《ばあい》、感染者《かんせんしゃ》が出《で》れば一緒《いっしょ》に働《はたら》くほかの人《ひと》たちも濃厚接触者《のうこうせっしょくしゃ》になってしまう恐《おそ》れがあります。濃厚接触者《のうこうせっしょくしゃ》と認定《にんてい》されると、たとえ感染《かんせん》していなくても一定期間外出《いっていきかんがいしゅつ》を制限《せいげん》されるため、動物《どうぶつ》の世話《せわ》ができなくなってしまいます。感染《かんせん》を防《ふせ》ぐだけでなく、濃厚接触者《のうこうせっしょくしゃ》になることも避《さ》けなくてはなりませんでした。

例《たと》えば上野動物園《うえのどうぶつえん》では、ひとつの動物《どうぶつ》を担当《たんとう》する飼育員《しいくいん》たちをふたつのチームに分《わ》け、交代《こうたい》で出勤《しゅっきん》するようにしました。出勤《しゅっきん》するチームは動物《どうぶつ》の健康管理《けんこうかんり》に専念《せんねん》し、もうひとつのチームは在宅勤務《ざいたくきんむ》をしながら飼育記録《しいくきろく》の作成《さくせい》などにあたります。

こうしてふたつのチームが互《たが》いに接触《せっしょく》しないようにすることで、たとえ片方《かたほう》のチームの誰《だれ》かが感染《かんせん》し、同《おな》じチームの残《のこ》りの飼育員《しいくいん》が濃厚接触者《のうこうせっしょくしゃ》に認定《にんてい》され外出《がいしゅつ》できなくなっても、もうひとつのチームが飼育業務《しいくぎょうむ》を継続《けいぞく》できる体制《たいせい》を整《ととの》えたのです。

王子動物園《おうじどうぶつえん》の梅元《うめもと》さんと吉田《よしだ》さんの場合《ばあい》、少《すこ》し事情《じじょう》が異《こと》なります。当時《とうじ》、タンタンは心臓疾患《しんぞうしっかん》の治療中《ちりょうちゅう》でした。普段《ふだん》の業務《ぎょうむ》に加《くわ》え、治療《ちりょう》も進《すす》めなくてはならなかったので、一人《ひとり》ですべてを行《おこな》うことは不可能《ふかのう》でした。そこで、二人《ふたり》は動物園《どうぶつえん》に来《き》ても獣医師《じゅういし》以外《いがい》との接触《せっしょく》は避《さ》け、昼食《ちゅうしょく》も一人《ひとり》でお弁当《べんとう》を食《た》べるようにしました。もちろん手洗《てあら》い、消毒《しょうどく》、マスク着用《ちゃくよう》を徹底《てってい》し、動物園以外《どうぶつえんいがい》での外出《がいしゅつ》も最小限《さいしょうげん》にとどめたといいます。

そしてもうひとつ問題《もんだい》となったのが、動物《どうぶつ》への感染《かんせん》でした。実際《じっさい》、新型《しんがた》コロナにかかった飼育員《しいくいん》からライオンが感染《かんせん》し、死亡《しぼう》したケースが国内《こくない》で起《お》こりました。パンダが感染《かんせん》したという報告《ほうこく》はありませんでしたが、怖《こわ》い病気《びょうき》であることには違《ちが》いありません。園内《えんない》に観覧者《かんらんしゃ》を入《い》れないこと、そして飼育員《しいくいん》たちが感染《かんせん》しないことは、動物《どうぶつ》を守《まも》ることにもつながったのです。

王子動物園《おうじどうぶつえん》では2020年《ねん》4月9日《がつここのか》～5月《がつ》31日《にち》（53日間《にちかん》）と、翌年《よくとし》4月《がつ》25日《にち》～6月20日《がつはつか》（57日間《にちかん》）の2回《かい》にわたり新型《しんがた》コロナウイルス感染拡大防止《かんせんかくだいぼうし》のため臨時休園《りんじきゅうえん》しました。過去《かこ》には阪神《はんしん》・淡路大震災《あわじだいしんさい》が発生《はっせい》した1995年《ねん》1月《がつ》17日《にち》～3月《がつ》22日《にち》の65日間《にちかん》、休園《きゅうえん》したことがありましたが、新型《しんがた》コロナによる休園期間《きゅうえんきかん》の合計《ごうけい》は、そのときよりも長《なが》かったことになります。

「うーん、なんかおかしいなあ」

心臓疾患《しんぞうしっかん》が見《み》つかってまもなく、タンタンにある異変が起《お》きていた。そのことに最初《さいしょ》に気《き》が付《つ》いたのは梅元《うめもと》だった。

「タンタン、お腹《なか》が張《は》ってない？」

控《ひか》え室《しつ》で梅元《うめもと》から問《と》いかけられた吉田《よしだ》は、椅子《いす》に腰《こし》かけたままモニターに目《め》を向《む》けた。定点《ていてん》カメラは寝台《しんだい》で寝《ね》ているタンタンを映《うつ》している。

映像《えいぞう》にズームをかけタンタンを大《おお》きく映《うつ》して確《たし》かめると、確《たし》かに少《すこ》し張《は》っているようにも見《み》える。続《つづ》いて、ちょうど書《か》いている飼育記録《しいくきろく》に視線《しせん》を落《お》とした。梅元《うめもと》も吉田《よしだ》の肩越《かたご》しにのぞいている。今日《きょう》の体重《たいじゅう》は、昨日《きのう》と変化《へんか》はない。竹《たけ》を食《た》べる量《りょう》もこのところ、特《とく》に変化《へんか》はない。体重《たいじゅう》が増《ふ》えたわけじゃないのにお腹《なか》が張《は》るなんて、変《へん》じゃないか。

「どういうことだろう」

モニターを見《み》ながら梅元《うめもと》が首《くび》をかしげる脇《わき》で、吉田《よしだ》は受話器《じゅわき》を手《て》に取《と》ると獣医師《じゅういし》たちが待機《たいき》している病院《びょういん》に電話《でんわ》をかけた。

「菅野《かんの》いる？　悪《わる》いんやけど、すぐにパンダ舎《しゃ》に来《き》てほしいって伝《つた》えてもらえる」

二人《ふたり》から相談《そうだん》を受《う》けた菅野獣医師《かんのじゅういし》はさっそくタンタンの詳《くわ》しい検査《けんさ》を行《おこな》った。その結《けっ》果《か》、心臓疾患《しんぞうしっかん》が別《べつ》の問題《もんだい》を引《ひ》き起《お》こしていることが判明《はんめい》した。心臓《しんぞう》の機能《きのう》が低下《ていか》したことで血《ち》の流《なが》れが弱《よわ》くなり、血管《けっかん》から体液《たいえき》（腹水《ふくすい》）が漏《も》れ出《で》てしまっているというのだ。

「このまま放《ほう》っておくとどうなるの？」

菅野獣医師《かんのじゅういし》の説明《せつめい》を、腕組《うでぐ》みをしながら目《め》をつむって聞《き》いていた梅元《うめもと》が質問《しつもん》した。

「放《ほう》っておくと、呼吸《こきゅう》がしづらくなって消化機能《しょうかきのう》も低下《ていか》します。それに加《くわ》え、体《からだ》がどんどん重《おも》くなるわけですから食《た》べ物《もの》も食《た》べられなくなります」

答《こた》えからすると、体液《たいえき》がたまるのを、放置《ほうち》しておくわけにはいかないようだ。

「体液《たいえき》なんて、どうやって抜《ぬ》いたらいいの？」

立《た》ったまま聞《き》いていた吉田《よしだ》が尋《たず》ねた。

「方法《ほうほう》はふたつあります」

菅野獣医師《かんのじゅういし》によると、ひとつ目《め》は利尿薬《りにょうやく》などの薬《くすり》を使《つか》って、おしっこと一緒《いっしょ》に出《だ》す方《ほう》法《ほう》。そしてもうひとつは、お腹《なか》に針《はり》を刺《さ》して直接《ちょくせつ》、注射器《ちゅうしゃき》で抜《ぬ》く方法《ほうほう》。

菅野獣医師《かんのじゅういし》が中国《ちゅうごく》にいるパンダの専門家《せんもんか》にアドバイスを求《もと》めたところ、大《おお》きな手術《しゅじゅつ》を行《おこな》う場合《ばあい》、必《かなら》ず全身麻酔《ぜんしんますい》をかけていると言《い》われた。

お腹《なか》に針《はり》を刺《さ》して体液《たいえき》を抜《ぬ》く今回《こんかい》の施術《せじゅつ》も、通常《つうじょう》であれば全身麻酔《ぜんしんますい》をかけて行《おこな》う。だが心臓《しんぞう》に病気《びょうき》を抱《かか》えるタンタンに全身麻酔《ぜんしんますい》をかけると、ショックが大《おお》きく命《いのち》の危険《きけん》をともなう恐《おそ》れがある。タンタンに対《たい》し、全身麻酔《ぜんしんますい》を使《つか》うという選択肢《せんたくし》はない。王子動物園《おうじどうぶつえん》と中国側《ちゅうごくがわ》との協議《きょうぎ》の結果《けっか》、投薬治療《とうやくちりょう》を行《おこな》いながら、ハズバンダリートレーニングを応用《おうよう》してお腹《なか》から注射器《ちゅうしゃき》で体液《たいえき》を抜《ぬ》く方法《ほうほう》を試《こころ》みることが決《き》まった。

「タンタン、起《お》きて」

トレーニングルームのスクイズケージで横《よこ》になるタンタンに梅元《うめもと》が声《こえ》をかけると、タンタンはレントゲン撮影《さつえい》の要領《ようりょう》で、両手《りょうて》を上《あ》げて天井部分《てんじょうぶぶん》の柵《さく》をつかんだ。

「ステイ」

梅元《うめもと》がスライスしたリンゴを与《あた》えながらその状態《じょうたい》を維持《いじ》させる。ハズバンダリートレーニングで繰《く》り返《かえ》し訓練《くんれん》してきた動作《どうさ》だ。動《うご》きが止《と》まったことを確認《かくにん》すると、菅野獣《かんのじゅう》医師《いし》はタンタンのお腹《なか》に検査用《けんさよう》のゼリーを塗《ぬ》った。そして超音波《ちょうおんぱ》プローブと呼《よ》ばれる小《ちい》さな機器《きき》をあてる。

この小《ちい》さな機器《きき》から超音波《ちょうおんぱ》が発《はっ》せられ、体内《たいない》の臓器《ぞうき》から跳《は》ね返《かえ》ってくる超音波《ちょうおんぱ》を画像《がぞう》としてモニターに映《うつ》し出《だ》す。「エコー検査《けんさ》」と呼《よ》ばれ、人間《にんげん》の場合《ばあい》がんの形《かたち》や大《おお》きさを調《しら》べたり、内臓《ないぞう》の状態《じょうたい》を確《たし》かめたりするときに用《もち》いられる。今回《こんかい》はエコー検査《けんさ》でタンタンの体内《たいない》のどこに、どれくらい体液《たいえき》がたまっているのかを調《しら》べてから抜《ぬ》くことになった。

ところがここで、大《おお》きな問題《もんだい》が起《お》きた。

「うわっ！　びっくりした」

左手《ひだりて》で超音波《ちょうおんぱ》プローブを動《うご》かしながら、モニターで体液《たいえき》の位置《いち》を探《さぐ》っていた菅野獣医《かんのじゅうい》師《し》が声《こえ》をあげた。それまで正面《しょうめん》を向《む》いていたタンタンが首《くび》をガクンと折《お》り曲《ま》げ、鼻先《はなさき》が菅野獣医師《かんのじゅういし》の腕《うで》に触《ふ》れたのだ。別《べつ》に腕《うで》をかもうとしたわけではない。それでも反射的《はんしゃてき》に、つい声《こえ》をあげてしまった。

驚《おどろ》いた菅野獣医師《かんのじゅういし》は梅元《うめもと》のほうを見上《みあ》げた。「ステイ」の合図《あいず》を解除《かいじょ》していたのか？

菅野獣医師《かんのじゅういし》の気持《きも》ちを察《さっ》した梅元《うめもと》は、首《くび》を横《よこ》に振《ふ》った。エコー検査《けんさ》の間《あいだ》、梅元《うめもと》はタンタンに、動《うご》かないよう引《ひ》き続《つづ》き合図《あいず》を送《おく》り続《つづ》けていた。

「すぐに疲《つか》れちゃうんかな？　いつもより集中力《しゅうちゅうりょく》もないし」

タンタンの様子《ようす》を見《み》ながら梅元《うめもと》はつぶやいた。検査《けんさ》を再開《さいかい》しようともう一度《いちど》動《うご》きを止《と》めても、タンタンはすぐに下《した》を向《む》いてしまう。この動作《どうさ》は10年以上《ねんいじょう》も訓練《くんれん》していて、失敗《しっぱい》することなどほとんどなかったのに。

「体《からだ》がきついの？」

首《くび》を折《お》り曲《ま》げ、頭《あたま》を柵《さく》に押《お》し付《つ》けたまじっとしているタンタンに、梅元《うめもと》は優《やさ》しく声《こえ》をかけた。モフモフとした毛《け》が柵《さく》の形《かたち》に凹《へこ》み、でこぼこしている。

その頭《あたま》に、梅元《うめもと》は手《て》をのせた。体液《たいえき》がたまっていることでタンタンは本調子《ほんちょうし》ではないのだろう。呼吸《こきゅう》が荒《あら》いし、すでに食事量《しょくじりょう》も落《お》ちてきていた。『こんな

に体調《たいちょう》が悪《わる》いときに、こんなことできない』。柵《さく》に頭《あたま》を押《お》し付《つ》けたまま動《うご》かないタンタンが、無言《むごん》で訴《うった》えているようにも見《み》える。だが、検査《けんさ》でこんな調子《ちょうし》ではとてもじゃないが体液《たいえき》を抜《ぬ》くことなどできやしない。なにしろ、エコー検査《けんさ》を始《はじ》めてから体液《たいえき》を抜《ぬ》く処置《しょち》が終《お》わるまでには、少《すく》なくとも20分《ぷん》はかかる見込《みこ》みだ。本調子《ほんちょうし》ではないタンタンに、これまで経験《けいけん》したことのない長時間《ちょうじかん》じっと動《うご》かないよう我慢《がまん》させることなど、不可能《ふかのう》じゃないのか？　大《おお》きくなったお腹《なか》を揺《ゆ》らしながら、よろよろとスクイズケージから屋内展示《おくないてんじ》場《じょう》に戻《もど》るタンタンの後《うし》ろ姿《すがた》を見送《みおく》りながら、梅元《うめもと》は絶望的《ぜつぼうてき》な気持《きも》ちになった。

状況《じょうきょう》はさらに、深刻《しんこく》さを増《ま》していった。スクイズケージでエコー検査《けんさ》と、わずかずつ体液《たいえき》を抜《ぬ》く処置《しょち》を続《つづ》けていたところ、タンタンが嫌《いや》がり始《はじ》めたのだ。

それだけではない。ほかの検査《けんさ》への協力《きょうりょく》も拒《こば》みだした。菅野獣医師《かんのじゅういし》が聴診器《ちょうしんき》を胸《むね》にあてるため、梅元《うめもと》がじっとしているよう手《て》で合図《あいず》をしても、ふてくされて座《すわ》ってしまう。これまで当《あ》たり前《まえ》のようにできた血圧測定《けつあつそくてい》も、腕《うで》を出《だ》してくれなくなった。

そして、その数日後《すうじつご》には……。

「タンタン。タンタン」

屋内展示場《おくないてんじじょう》で寝《ね》ているタンタンに梅元《うめもと》が呼《よ》びかけても反応《はんのう》しない。梅元《うめもと》の声《こえ》に対《たい》し、耳《みみ》はピコピコ動《うご》いているので間違《まちが》いなく聞《き》こえているはず。

それでも、梅元《うめもと》のほうを見《み》ようともしない。いままで梅元《うめもと》と吉田《よしだ》が声《こえ》をかけて無視《むし》することなど、ほとんどなかった。ついに、トレーニングルームに入《はい》ることすら拒絶《きょぜつ》しだしたのだ。

動物《どうぶつ》と人間《にんげん》が関係《かんけい》を深《ふか》めるために一番《いちばん》大事《だいじ》なことは、動物《どうぶつ》に信頼《しんらい》してもらうこと。そのためには動物《どうぶつ》が嫌《いや》がることはせず、適度《てきど》な距離感《きょりかん》を保《たも》ってひとつひとつ

梅元《うめもと》さんの呼《よ》びかけを無視《むし》するタンタン

の行動《こうどう》で信頼《しんらい》を得《え》ていく必要《ひつよう》がある。

でもいまは、なによりも治療《ちりょう》を優先《ゆうせん》させなければならない。

「まずいね。どうしよう」

寝室《しんしつ》で横《よこ》たわるタンタンを見《み》つめながら、梅元《うめもと》がつぶやいた。

「あかんなあ、どうしたらええんやろ」

隣《となり》の吉田《よしだ》も途方《とほう》に暮《く》れていた。

二人《ふたり》は、いままで経験《けいけん》したことのない危機《きき》を感《かん》じていた。このままでは、長《なが》い年月《ねんげつ》をかけて育《はぐく》んできたタンタンとの絆《きずな》が、失《うしな》われてしまうかもしれない。

体液《たいえき》を抜《ぬ》くと同時《どうじ》に、タンタンとの信頼関係《しんらいかんけい》も回復《かいふく》させなくてはならない。あまりにも困難《こんなん》なミッションが、二人《ふたり》の前《まえ》に立《た》ちはだかっていた。


心臓疾患《しんぞうしっかん》が発表《はっぴょう》されて半年《はんとし》あまりが経《た》った11月《がつ》22日《にち》。体調管理《たいちょうかんり》に専念《せんねん》するため、タンタンの観覧《かんらん》が中止《ちゅうし》になった。まるで梅元《うめもと》と吉田《よしだ》の心《こころ》の乱《みだ》れを表《あらわ》すかのように、この日《ひ》、動物園《どうぶつえん》は強《つよ》い雨《あめ》と風《かぜ》に見舞《みま》われた。

「タンタン、飲《の》む？」

透明《とうめい》な液体《えきたい》が入《はい》ったステンレスのバットを手《て》にした梅元《うめもと》が、寝台《しんだい》の上《うえ》で横《よこ》になっているタンタンに声《こえ》をかけた。タンタンは梅元《うめもと》のほうに顔《かお》を向《む》けると、ゆっくりと立《た》ち上《あ》がった。目《め》には力《ちから》がなく、動《うご》きものろのろしている。このころ、タンタンは体液《たいえき》がたまった苦《くる》しさからか、屋内展示場《おくないてんじじょう》の寝台《しんだい》の上《うえ》からほとんど動《うご》かなくなった。いや、動《うご》けなかったというのが正確《せいかく》かもしれない。竹《たけ》など食事《しょくじ》もほとんどとることができなかった。それにもかかわらず、お腹周《なかまわ》りは一回《ひとまわ》りも二回《ふたまわ》りも大《おお》きくなっていた。実際《じっさい》、1年前《ねんまえ》に比《くら》べ体《たい》重《じゅう》は20kg近《ちか》く増《ふ》えたので、タンタンの体内《たいない》にはあまりにも多《おお》くの体液《たいえき》がたまっていることになる。

ぴちゃぴちゃ

バットに入《はい》った透明《とうめい》な液体《えきたい》に口《くち》をつけ、タンタンはゆっくりと飲《の》みだした。この液体《えきたい》は動物《どうぶつ》が手術《しゅじゅつ》をした後《あと》などに与《あた》えられる栄養剤《えいようざい》。生《い》きるために必要《ひつよう》な栄養《えいよう》が入《はい》っていて、王子動物園《おうじどうぶつえん》ではなにも食《た》べられなくなった終末期《しゅうまつき》の動物《どうぶつ》に与《あた》えられることも多《おお》い。

竹《たけ》などの食事《しょくじ》をとらず、日《ひ》に日《ひ》に弱《よわ》っていくタンタンに対《たい》し、菅野獣医師《かんのじゅういし》が見《み》かねて与《あた》えることを決《き》めた。

「栄養剤《えいようざい》だけでもせめて全部《ぜんぶ》飲《の》んでな」

体液《たいえき》がたまったせいで顔《かお》も体《からだ》もパンパンのタンタンに、梅元《うめもと》が声《こえ》をかける。もしこの栄《えい》養剤《ようざい》すら飲《の》まなくなってしまったら、ほかに栄養《えいよう》をとらせる術《すべ》はない……。

タンタンと二人《ふたり》の飼育員《しいくいん》は、いよいよ後《あと》のない崖《がけ》っぷちに追《お》い込《こ》まれてしまった。


年《とし》が明《あ》けて2022年《ねん》。

日本《にっぽん》のパンダ飼育《しいく》の歴史《れきし》において、特別《とくべつ》な年《とし》が幕《まく》を開《あ》けた。1972年《ねん》の秋《あき》に日中国《にっちゅうこっ》交正常化《こうせいじょうか》を記念《きねん》して、雄《おす》のカンカンと雌《めす》のランランの2頭《とう》が上野動物園《うえのどうぶつえん》に来日《らいにち》。国内初《こくないはつ》となるパンダ飼育《しいく》が始《はじ》まった。以来《いらい》50年間《ねんかん》。上野動物園《うえのどうぶつえん》、アドベンチャーワールド、そして王子動物園《おうじどうぶつえん》でパンダの飼育《しいく》は途絶《とだ》えることなく、脈々《みゃくみゃく》と続《つづ》けられてきた。

この節目《ふしめ》の年《とし》がスタートすると、王子動物園《おうじどうぶつえん》で〝奇跡《きせき》〟が起《お》きた。もしかすると、パンダの神様《かみさま》がくれたプレゼントだったのかもしれない。あれだけ弱《よわ》っていたタンタンに、回《かい》復《ふく》の兆《きざ》しが見《み》え始《はじ》めたのだ。

なんと、体液《たいえき》を抜《ぬ》く治療《ちりょう》を、嫌《いや》がらなくなった。

「飲み物の準備するね」

口《くち》を大《おお》きく開《あ》けてあくびをしているタンタンに声《こえ》をかけると、梅元《うめもと》はバックヤードの棚《たな》から粉末《ふんまつ》が入《はい》った銀色《ぎんいろ》の袋《ふくろ》を取《と》り出《だ》した。中身《なかみ》はあの栄養剤《えいようざい》。食事《しょくじ》がとれなくなった動《どう》物《ぶつ》に与《あた》える最後《さいご》の手段《しゅだん》が、タンタンを救《すく》うのに一役買《ひとやくか》ってくれた。

栄養剤《えいようざい》の粉末《ふんまつ》を透明《とうめい》の容器《ようき》に入《い》れ、水《みず》を注《そそ》ぐ。ここにあるものを加《くわ》えると、タンタンはそれを飲《の》みたくて体液《たいえき》を抜《ぬ》く20分《ぷん》もの間《あいだ》、動《うご》かずじっと我慢《がまん》できるようになった。

「これを忘《わす》れちゃいけないんだよな」

梅元《うめもと》がつかんだのは、銀色《ぎんいろ》の缶《かん》。なかには白《しろ》いサラサラとした粉《こな》が入《はい》っている。この白《しろ》い粉《こな》を大《おお》さじで約《やく》2杯《はい》、栄養剤《えいようざい》と水《みず》が入《はい》った容器《ようき》に加《くわ》える。容器《ようき》に蓋《ふた》をすると、梅元《うめもと》は思《おも》いっきり上下《じょうげ》に振《ふ》り始《はじ》めた。

ガシガシガシガシ

勢《いきお》いよくリズミカルに容器《ようき》が振《ふ》られるたび、栄養剤《えいようざい》と白《しろ》い粉《こな》は水《みず》と混《ま》ざり合《あ》い、全体《ぜんたい》が白濁《はくだく》した液体《えきたい》へ変化《へんか》していく。

この白《しろ》い粉《こな》の正体《しょうたい》は、パンダの赤《あか》ちゃん用《よう》の粉《こな》ミルク。粉《こな》ミルクを入《い》れることを思《おも》いついたのは、萱野獣医師《かんのじゅういし》だった。

タンタンの体液《たいえき》を抜《ぬ》く方法《ほうほう》をどうにか見《み》つけなければと、藁《わら》にもすがる思《おも》いで病院《びょういん》の薬棚《くすりだな》を調《しら》べていたとき、棚《たな》の下段《げだん》の奥《おく》にパンダの赤《あか》ちゃん用《よう》の粉《こな》ミルクが置《お》かれているのを見《み》つけた。それは、タンタンが赤《あか》ちゃんを産《う》むときに用意《ようい》したもの。すぐに亡《な》くなってしまったので出番《でばん》は訪《おとず》れず、ひっそりと棚《たな》の奥《おく》にしまわれたままになっていた。

缶《かん》の側面《そくめん》に書《か》いてある成分表《せいぶんひょう》を見《み》た瞬間《しゅんかん》、萱野獣医師《かんのじゅういし》は目《め》を見開《みひら》いた。この粉《こな》ミルクには脂質《ししつ》が多《おお》く含《ふく》まれている。脂質《ししつ》は体液《たいえき》と一緒《いっしょ》に漏《も》れ出《で》てしまっていて、いまのタンタンに、一番必要《いちばんひつよう》な成分《せいぶん》だった。萱野獣医師《かんのじゅういし》は缶《かん》をつかむと急《いそ》いでパンダ舎《しゃ》へと向《む》かった。

「赤《あか》ちゃん用《よう》の粉《こな》ミルクか。これは盲点《もうてん》だったたな」

しげしげと缶《かん》を眺《なが》めながら、梅元《うめもと》がつぶやいた。赤《あか》ちゃんが生《う》まれる際《さい》、必要《ひつよう》になるだろうといって用意《ようい》した粉《こな》ミルクが、まさか13年《ねん》もの時《とき》を経《へ》て母親《ははおや》のタンタンを救《すく》うために出《で》てくるとは。

「赤《あか》ちゃんの世話《せわ》」と「病気《びょうき》の治療《ちりょう》」という一見《いっけん》なんの関係《かんけい》もないふたつの点《てん》が見事《みごと》につながった。いままで懸命《けんめい》に続《つづ》けてきたことは、ひとつも無駄《むだ》ではなかった。そんな不思《ふし》議《ぎ》な感覚《かんかく》を、梅元《うめもと》は覚《おぼ》えた。

「そうしたらさっそく試《ため》してみる？」

吉田《よしだ》が菅野《かんの》獣医師《じゅういし》に尋《たず》ねた。

「いま、新《あたら》しい缶《かん》を注文《ちゅうもん》しているので、届《とど》いたら試《ため》してみましょう」

《粉《こな》ミルク作戦《さくせん》》が実行《じっこう》に移《うつ》されることが決《き》まった。

数日後《すうじつご》、新《あたら》しいパンダの赤《あか》ちゃん用《よう》の粉《こな》ミルクが届《とど》いた。まずは栄養剤《えいようざい》に混《ま》ぜてタンタンに飲《の》ませてみる。

ゴクゴクゴク
喉《のど》を鳴《な》らして勢《いきお》いよく飲《の》み干《ほ》していく。粉《こな》ミルクのほのかな甘味《あまみ》を、タンタンは気《き》に入《い》ったようだ。最後《さいご》の一滴《いってき》がなくなるまでバットをなめるタンタンの姿《すがた》を、飼育員《しいくいん》二人《ふたり》と獣医師《じゅういし》は見逃《みのが》さなかった。これなら、体液《たいえき》を抜《ぬ》く施術《せじゅつ》にも使《つか》えるかもしれない。この日《ひ》の夕方《ゆうがた》、さっそく粉《こな》ミルク作戦《さくせん》を決行《けっこう》することが決《き》まった。

「おいで」

梅元《うめもと》が声《こえ》をかけると、スクイズケージで横《よこ》になっていたタンタンは、渋々《しぶしぶ》という感《かん》じで立《た》ち上《あ》がった。だが、梅元《うめもと》の手《て》に白濁《はくだく》した液体《えきたい》が入《はい》った容器《ようき》があるのを見《み》つけた瞬間《しゅんかん》、タンタンは目《め》を輝《かがや》かせた。左手《ひだりて》で柵《さく》の天井《てんじょう》をつかみ、右手《みぎて》を前《まえ》の穴《あな》から出《だ》す採血《さいけつ》のポーズをとり、しっかりと動《うご》きを止《と》めた。いままで拒絶《きょぜつ》していたのが嘘《うそ》のように、タンタンはやる気《き》がみなぎっている。

ここで梅元《うめもと》が容器《ようき》を差《さ》し出《だ》し、一口《ひとくち》なめさせる。容器《ようき》はタンタンの口《くち》がやっと入《はい》る小《ちい》さめのサイズ。粉《こな》ミルク入《い》りの栄養剤《えいようざい》も、舌《した》がぎりぎり届《とど》くところまでしか入《い》れていない。あえて飲《の》みづらくすることで、粉《こな》ミルク入《い》り栄養剤《えいようざい》を飲《の》もうとするタンタンの集中力《しゅうちゅうりょく》を少《すこ》しでも長《なが》く持続《じぞく》させる。体液《たいえき》を抜《ぬ》く施術《せじゅつ》を成功《せいこう》させるため、梅元《うめもと》たちが思《おも》いついた作《さく》戦《せん》だ。

タンタンが手《て》をのせる台《だい》の下《した》では、菅野《かんの》たち獣医師《じゅういし》が準備《じゅんび》に取《と》りかかっていた。

まずはエコー検査《けんさ》でお腹《なか》のどこに体液《たいえき》がたまっているかを探《さぐ》る。最初《さいしょ》に採血《さいけつ》のポーズをとらせたのも、施術《せじゅつ》を成功《せいこう》させるため考《かんが》え出《だ》された作戦《さくせん》だった。採血《さいけつ》の台《だい》に腕《うで》をのせておけば長時間同《ちょうじかんおな》じ姿勢《しせい》を保《たも》ちやすい。さらに、腕《うで》をのせる台《だい》があれば菅野獣医師《かんのじゅういし》たちが下《した》で作業《さぎょう》していても、タンタンの視界《しかい》に入《はい》りにくく、気《き》が散《ち》るのを防《ふせ》げる。

エコー検査《けんさ》の結果《けっか》、お腹《なか》の左下《ひだりした》あたりに体液《たいえき》がたくさんたまっていることが確認《かくにん》された。施術《せじゅつ》による痛《いた》みを和《やわ》らげるため、まずはお腹《なか》に局所麻酔《きょくしょますい》を打《う》つ。

「じゃあ、いこうか」

梅元《うめもと》の合図《あいず》で体液《たいえき》を抜《ぬ》く施術《せじゅつ》が始《はじ》まった。まずはタンタンの口《くち》に粉《こな》ミルク入《い》り栄養剤《えいようざい》が入《はい》った容器《ようき》を近《ちか》づける。

ぺちゃぺちゃぺちゃぺちゃぺちゃ

ひとなめで少《すこ》ししか飲《の》めないため、タンタンは一生懸命《いっしょうけんめい》、容器《ようき》の中《なか》に舌《した》を伸《の》ばす。完全《かんぜん》に意識《いしき》が栄養剤《えいようざい》に集中《しゅうちゅう》していることを確認《かくにん》すると、菅野獣医師《かんのじゅういし》はチューブの先《さき》についた針《はり》をお腹《なか》に刺《さ》した。そして、チューブの反対側《はんたいがわ》につけたプラスチック製《せい》の注射器《ちゅうしゃき》で少《すこ》しずつ体液《たいえき》を抜《ぬ》く。

透明《とうめい》なチューブの中《なか》を少《すこ》し茶色《ちゃいろ》がかった液体《えきたい》が通《とお》り、注射器《ちゅうしゃき》を満《み》たしていく。体《たい》液《えき》で注射器《ちゅうしゃき》がいっぱいになると、菅野《かんの》はほかの獣医師《じゅういし》たちと協力《きょうりょく》して注射器《ちゅうしゃき》を交《こう》換《かん》し、さらに体液《たいえき》を抜《ぬ》く。

「ずいぶんたまっとったんやな」

２本目《ほんめ》の注射器《ちゅうしゃき》も体液《たいえき》でいっぱいになったのを見《み》て、吉田《よしだ》が口《くち》を開《ひら》いた。その場《ば》にいた全員《ぜんいん》が同《おな》じ気持《きも》ちだった。お腹《なか》に体液《たいえき》がこんなにたまっていたら、さぞきつかったに違《ちが》いない。

菅野獣医師《かんのじゅういし》が３本目《ぼんめ》の注射器《ちゅうしゃき》に交換《こうかん》しようとしたとき、タンタンが少《すこ》し上半身《じょうはんしん》を動《うご》かした。そろそろ15分近《ふんちか》く同《おな》じ体勢《たいせい》を

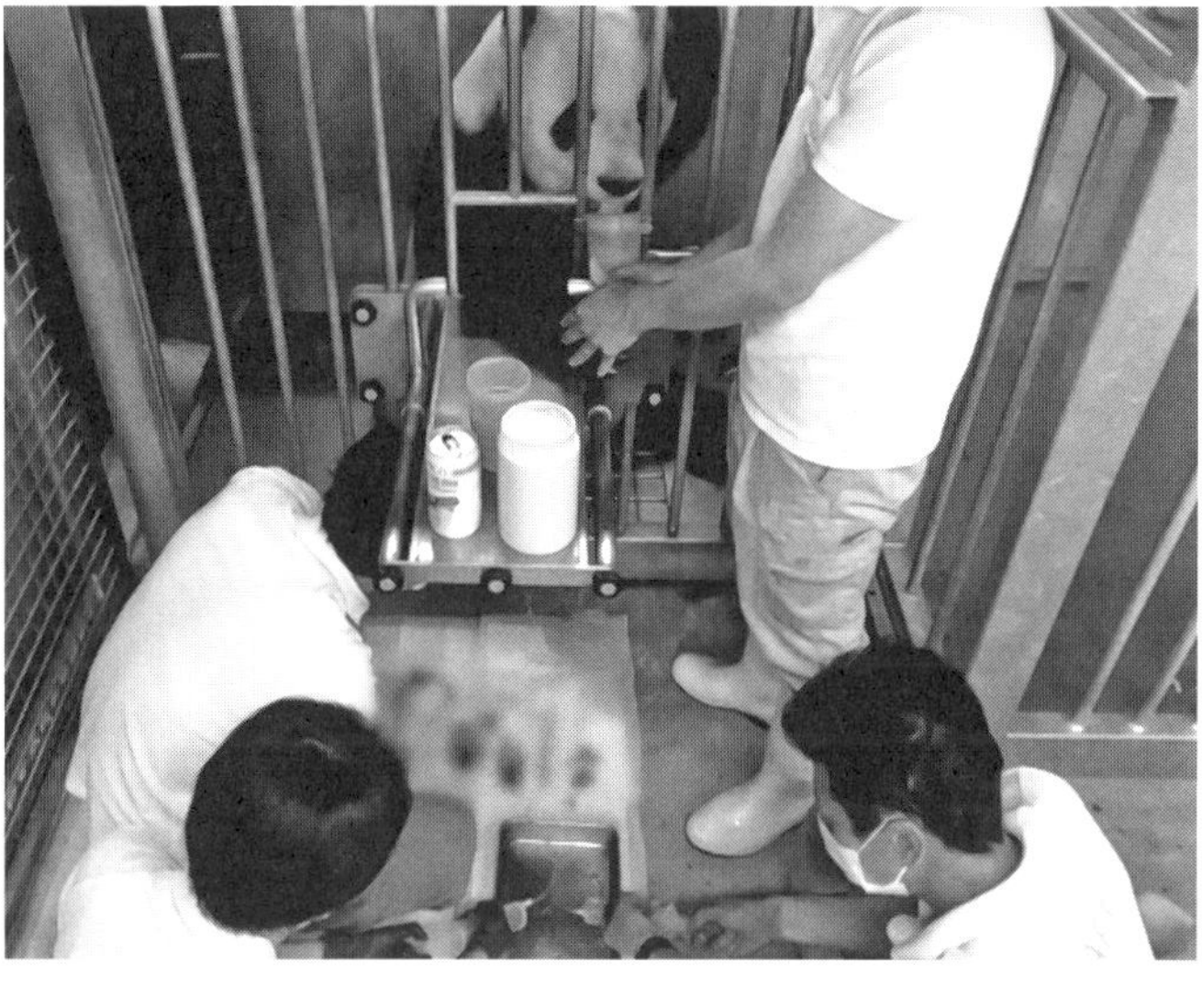

とっているので間違《まちが》いなく疲《つか》れているはずだ。梅元《うめもと》はここで、とっておきの作戦《さくせん》を実行《じっこう》に移《うつ》した。

「サトウキビジュースも入《い》れるよ」

なんと、薬《くすり》を飲《の》ませるのに使《つか》っているサトウキビジュースを容器《ようき》に注《そそ》いだ。粉《こな》ミルク入《い》り栄養剤《えいようざい》にサトウキビジュースまで加《くわ》わった最強《さいきょう》の特製《とくせい》ドリンク。タンタンにとってはドリンクの宝石箱《ほうせきばこ》のような価値《かち》ある一杯《いっぱい》。一滴残《いってきのこ》らず飲《の》み干《ほ》そうと、タンタンは再《ふたた》び容器《ようき》に口《くち》を突《つ》っ込《こ》んだ。

「集中力《しゅうちゅうりょく》はある。タンタンはまだ集中力《しゅうちゅうりょく》あるよ。いけるよ」

梅元《うめもと》の合図《あいず》で3本目《ぼんめ》の注射器《ちゅうしゃき》がセットされ、体液《たいえき》を抜《ぬ》く処置《しょち》が続《つづ》けられた。粉《こな》ミルク作戦《さくせん》は予想《よそう》を上回《うわまわ》る効果《こうか》を発揮《はっき》し、ついに体液《たいえき》を抜《ぬ》く方法《ほうほう》が見《み》つかった！

20分《ぷん》を超《こ》える処置《しょち》を終《お》えると、疲《つか》れ果《は》てたタンタンはすぐに寝室《しんしつ》でぐっすりと眠《ねむ》ってしまった。

「えらいやつや。本当《ほんとう》によく頑張《がんば》った」

すやすやと寝息《ねいき》を立《た》てるタンタンを中腰《ちゅうごし》で見《み》ながら、吉田《よしだ》は興奮気味《こうふんぎみ》に声《こえ》をかけた。

梅元《うめもと》もその脇《わき》でタンタンを見《み》つめている。

本当《ほんとう》によく頑張《がんば》った。その言葉《ことば》に尽《つ》きる。

もちろん、長年訓練《ながねんくんれん》を積《つ》んできたハズバンダリートレーニングと、粉《こな》ミルク作戦《さくせん》が大《おお》きな役割《やくわり》を果《は》たしたことは間違《まちが》いない。でもなによりも、長《なが》く苦《くる》しい処置《しょち》に耐《た》えてくれたタンタンの頑張《がんば》りがなければ、この日《ひ》の成功《せいこう》はなかった。


「うちら、またタンタンに救《すく》われたね」


梅元《うめもと》が目《め》を細《ほそ》めながらつぶやくと、吉田《よしだ》は顔《かお》を上《あ》げて大《おお》きくうなずいた。

梅元《うめもと》と吉田《よしだ》がどんなに助《たす》けたいと思《おも》っても、タンタンがそれを受《う》け入《い》れてくれなければ先《さき》に進《すす》むことはできない。結局《けっきょく》はタンタンの生《い》きたいという生命力《せいめいりょく》に、今回《こんかい》も救《すく》われた形《かたち》となった。

「タンタン、ちょっといい」

体液《たいえき》を抜《ぬ》く施術《せじゅつ》に成功《せいこう》して1週間《しゅうかん》ほどが経《た》った夕方《ゆうがた》、梅元《うめもと》は寝室《しんしつ》でくつろぐタンタンに声《こえ》をかけた。声《こえ》がするほうに振《ふ》り向《む》いたタンタンは、うれしそうに目《め》を輝《かがや》かせた。梅元《うめもと》の隣《となり》に立《た》つ吉田《よしだ》の手《て》に、黄色《きいろ》いブラシがあるじゃないか！　タンタンは急《いそ》いで二人《ふたり》に背《せ》を向《む》け、柵《さく》に背中《せなか》を押《お》し付《つ》けるように、にじり寄《よ》ってきた。

白《しろ》と黒《くろ》のモフモフの毛《け》が手《て》に届《とど》く距離《きょり》まで来《く》ると、吉田《よしだ》は黄色《きいろ》いブラシで背中《せなか》の毛《け》をとかす。タンタンはこのブラッシングが大《だい》のお気《き》に入《い》りなのだ。ハズバンダリートレーニングや検査《けんさ》が終《お》わった後《あと》に、ご褒美《ほうび》として背中《せなか》やお尻《しり》、頭《あたま》の後《うし》ろなどをブラッシングすると、もっともっとと体《からだ》を寄《よ》せてせがんでくる。手《て》を後《うし》ろに回《まわ》して『ここがいい』と要求《ようきゅう》してくることさえある。

「昔《むかし》より気持《きも》ちよさそうだよね？」

ブラッシングされるタンタンの姿《すがた》を写真《しゃしん》に撮《と》りながら梅元《うめもと》が聞《き》いた。ＳＮＳでもこの光景《こうけい》は大人気《だいにんき》。黄色《きいろ》いブラシは〝黄色《きいろ》〟と呼《よ》ばれ、タンタンが大好《だいす》きなアイテムに認定《にんてい》されているほど。梅元《うめもと》たちはチャンスがあればブラッシングの様子《ようす》を撮影《さつえい》して紹介《しょうかい》している。

「皮膚《ひふ》が乾燥《かんそう》してかゆいんちゃうかな？　年《とし》もとったし」

丹念《たんねん》に首《くび》の後《うし》ろの毛《け》をとかしながら吉田《よしだ》が答《こた》えた。実《じつ》は吉田《よしだ》も、このブラッシングが大好《だいす》き。タンタンが喜《よろこ》ぶ姿《すがた》を見《み》るのが何《なに》よりもうれしいのだ。気持《きも》ちよさそうなタンタンと、いきいきとブラシを動《うご》かす吉田《よしだ》の姿《すがた》を見《み》て梅元《うめもと》はふと、あることに気《き》が付《つ》いた。

「いつの間《ま》にか、元《もと》に戻《もど》ってる」

体液《たいえき》が抜《ぬ》けなかったときには二人《ふたり》の呼《よ》びかけも無視《むし》するようになったタンタン。10年以上《ねんいじょう》ハズバンダリートレーニングを続《つづ》けて築《きず》き上《あ》げた信頼関係《しんらいかんけい》が失《うしな》われてしまったのかと心配《しんぱい》したが、この様子《ようす》を見《み》ると大丈夫《だいじょうぶ》だったようだ。

よほどブラッシングに熱中《ねっちゅう》しているからか、吉田《よしだ》は梅元《うめもと》の言葉《ことば》には反応《はんのう》せず今度《こんど》は背中《せなか》の毛《け》をとかし始《はじ》めた。ブラシの動《うご》きに合《あ》わせ、タンタンは背中《せなか》を丸《まる》める。なんとなく息《いき》が合《あ》っているように見《み》えるタンタンと吉田《よしだ》を眺《なが》めながら、梅元《うめもと》は何気《なにげ》ないことを日々《ひび》積《つ》み重《かさ》ねることの大切《たいせつ》さを、改《あらた》めて感《かん》じていた。

パンダコラム

縁《えん》の下《した》の力持《ちからも》ち⁉ タンタン応援団《おうえんだん》

タンタンを支《ささ》えているのは飼育員《しいくいん》や獣医師《じゅういし》だけではありません。動物園《どうぶつえん》の外《そと》にも力強《ちからづよ》い応援団《おうえんだん》がいます。ここではその一部《いちぶ》をご紹介《しょうかい》しましょう。

最大《さいだい》の応援団《おうえんだん》といえば、来日当初《らいにちとうしょ》からタンタンが食《た》べる竹《たけ》を山《やま》からとってきてくれる〝竹取《たけとり》の翁《おきな》〟こと地元《じもと》、淡河町笹部会《おうごちょうささぶかい》の岩野《いわの》さん・辻井《つじい》さん・西浦《にしうら》さんの3人《にん》。農業《のうぎょう》など本業《ほんぎょう》の傍《かたわ》ら交代《こうたい》で週《しゅう》3回《かい》、合計《ごうけい》150kgほどの竹《たけ》を動物園《どうぶつえん》に運《はこ》び入《い》れています。タンタンに振《ふ》り回《まわ》されながらも、自分《じぶん》たちが集《あつ》めた竹《たけ》をタンタンがおいしそうに食《た》べてくれる姿《すがた》を見《み》ると疲《つか》れも吹《ふ》き飛《と》ぶという3人《にん》。雨《あめ》の日《ひ》も風《かぜ》の日《ひ》も雪《ゆき》の日《ひ》も、足場《あしば》の悪《わる》い山《やま》に分《わ》け入《い》ってはタンタンが喜《よろこ》ぶ竹《たけ》を求《もと》めて歩《ある》き回《まわ》ります。

タンタン応援団《おうえんだん》、続《つづ》いては金属加工《きんぞくかこう》のプロ、泉《いずみ》さん。タンタンが来日《らいにち》した2000

年《ねん》にパンダ舎《しゃ》が作《つく》られたときから、柵《さく》の加工《かこう》や修理《しゅうり》などを手掛《てが》けてきました。タンタンが心臓《しんぞう》を患《わずら》って筋力《きんりょく》が低下《ていか》すると、柵《さく》のどこにでも取《と》り付《つ》けられる横棒《よこぼう》を開発《かいはつ》。おかげでタンタンはスムーズに上半身《じょうはんしん》を起《お》こすことができるようになりました。

金具《かなぐ》を取《と》り付《つ》ける際《さい》には、タンタンがいじって指《ゆび》を切《き》ったりしないよう、徹底的《てっていてき》に角《かど》を磨《みが》くなど細部《さいぶ》にまでこだわります。泉《いずみ》さんはタンタンがパンダ舎《しゃ》で快適《かいてき》に暮《く》らせるよう後押《あとお》ししてくれる縁《えん》の下《した》の力持《ちからも》ちなんです。

タンタン応援団《おうえんだん》、最後《さいご》に紹介《しょうかい》するのは冷凍《れいとう》タケノコの研究《けんきゅう》を王子動物園《おうじどうぶつえん》と共同《きょうどう》で行《おこな》っている武庫川女子大学《むこがわじょしだいがく》の研究員《けんきゅういん》、奥田《おくだ》さんと河内《かわうち》さんです。

タンタンが大好物《だいこうぶつ》のタケノコを一年中《いちねんじゅう》食《た》べられるようにしようと、2023年《ねん》からプロジェクトは始《はじ》まりました。採《と》れたてタケノコの風味《ふうみ》と味《あじ》、食感《しょっかん》を損《そこ》なわない冷凍《れいとう》タケノコを作《つく》るため、食品《しょくひん》の細胞《さいぼう》を壊《こわ》さずに冷凍《れいとう》できる最新《さいしん》の急速冷凍装置《きゅうそくれいとうそうち》を使《つか》って研究《けんきゅう》は進《すす》められています。

このプロジェクトがうまくいけば、食欲《しょくよく》が落《お》ちてタンタンが竹《たけ》を食《た》べなくなったときの切《き》り札《ふだ》として使《つか》えるのではと、飼育員《しいくいん》二人《ふたり》も期待《きたい》を寄《よ》せています。
以上《いじょう》、縁《えん》の下《した》の力《ちから》持《も》ち!? タンタン応援団《おうえんだん》でした!!

6.
タンタンとひまわりと約束《やくそく》

２０２３年《ねん》になると、王子動物園《おうじどうぶつえん》は再《ふたた》び臨時休園《りんじきゅうえん》しなくてはならなくなった。理由《りゆう》は園内《えんない》で見《み》つかったカラスの死骸《しがい》から、鳥《とり》インフルエンザウイルスが検出《けんしゅつ》されたこと。

鳥《とり》インフルエンザとは主《おも》に冬《ふゆ》にまん延《えん》する病気《びょうき》で、鳥《とり》がＡ型《がた》インフルエンザウイルスに感染《かんせん》して起《お》きる。海外《かいがい》から飛来《ひらい》する渡《わた》り鳥《どり》が運《はこ》んできて、カラスやカモなどの野鳥《やちょう》から養鶏場《ようけいじょう》の鶏《にわとり》に感染《かんせん》が広《ひろ》がることが近年《きんねん》、大《おお》きな問題《もんだい》となっている。

事態《じたい》を重《おも》く見《み》た王子動物園《おうじどうぶつえん》は臨時休園《りんじきゅうえん》の措置《そち》をとったうえで、園内《えんない》に消毒用《しょうどくよう》の消石灰《しょうせっかい》をまき、カンガルーやシタツンガといった草食動物《そうしょくどうぶつ》が暮《く》らすエリアにはネットを張《は》ってカラスなど野鳥《やちょう》が入《はい》ってこられないよう対策《たいさく》を講《こう》じた。

「外《そと》に行《い》っておいで」

梅元《うめもと》が声《こえ》をかけると、タンタンは勢《いきお》いよく運動場《うんどうじょう》に飛《と》び出《だ》していった。しばらく草《くさ》のにおいをかぎながらうろうろすると、やぐらに登《のぼ》って定位置《ていいち》でごろりと横《よこ》になる。

「気持《きも》ちよさそうだね」

臨時休園《りんじきゅうえん》のため、人気《ひとけ》のない観覧通路《かんらんつうろ》でタンタンを見《み》ながら、梅元《うめもと》は隣《となり》にいる吉田《よしだ》に話《はな》しかけた。

「やぐらに登《のぼ》ったり降《お》りたりするだけでも、いい運動《うんどう》になると思《おも》うんやけど」

吉田《よしだ》が注目《ちゅうもく》したのは、タンタンがやぐらに登《のぼ》るときの動作《どうさ》。たった6段《だん》しかない階段《かいだん》だが、膝《ひざ》を曲《ま》げたり伸《の》ばしたり、普段《ふだん》あまり動《うご》かないタンタンにとってはいい運動《うんどう》になるとみている。病気《びょうき》の治療《ちりょう》と体調管理《たいちょうかんり》を徹底《てってい》するため、タンタンの公開《こうかい》を休止《きゅうし》する措置《そち》はいまなお続《つづ》けられているが、その結果《けっか》、運動場《うんどうじょう》に出《で》られるのは動物園《どうぶつえん》の休園日《きゅうえんび》である水《すい》曜《よう》に限《かぎ》られていた。

タンタンの活動量《かつどうりょう》を増《ふ》やすためにも、太陽《たいよう》を浴《あ》びながら散歩《さんぽ》できる回数《かいすう》をもっと増《ふ》やしたい。そう考《かんが》えていた梅元《うめもと》と吉田《よしだ》にとって、今回《こんかい》の鳥《とり》インフルエンザウイルスによる臨《りん》時休園《じきゅうえん》は思《おも》いがけない機会《きかい》となった。それから10日《とおか》あまり。動物園《どうぶつえん》が再開《さいかい》できない間《あいだ》、タンタンは晴《は》れの日《ひ》には毎日運動場《まいにちうんどうじょう》でのんびり過《す》ごすことができた。

「竹《たけ》、食《た》べてるよ」

吉田《よしだ》が指《ゆび》さす方向《ほうこう》を見《み》ると、タンタンが運動場《うんどうじょう》の隅《すみ》に生《は》えている竹《たけ》やぶをかき分《わ》けて奥《おく》に生《は》えている背《せ》の低《ひく》い竹《たけ》をかじっていた。体調《たいちょう》が悪《わる》くなってからこういう行動《こうどう》をなかなか見《み》る機会《きかい》がなかったので、梅元《うめもと》は懐《なつ》かしさを覚《おぼ》えた。

それ以外《いがい》にも梅元《うめもと》たちが集《あつ》めた枯《か》れ葉《は》の上《うえ》でごろごろ転《ころ》がって遊《あそ》んだり、やぐらに登《のぼ》ったり降《お》りたりを繰《く》り返《かえ》しながら、気《き》が済《す》むまでのんびり外《そと》で過《す》ごす日《ひ》が続《つづ》いた。


「やっぱり活動量《かつどうりょう》がずっと増《ふ》えたよ」

飼育記録《しいくきろく》の数値《すうち》を見《み》ながら梅元《うめもと》は言《い》った。

「外《そと》で昼寝《ひるね》して起《お》きたときの顔《かお》つきも違《ちが》うように見《み》えるし、ストレスを減《へ》らす効果《こうか》も高《たか》いんとちゃうか？」

吉田《よしだ》も運動場《うんどうじょう》に出《で》る効果《こうか》を口《くち》にした。二人《ふたり》は今《いま》、菅野獣医師《かんのじゅういし》をはじめ動物園《どうぶつえん》スタッフたちと今後《こんご》の治療方針《ちりょうほうしん》について話《はな》し合《あ》っている。体液《たいえき》を抜《ぬ》く処置《しょち》は続《つづ》けられているが、明《あき》らかに以前《いぜん》よりも体調《たいちょう》が上向《うわむ》いているように感《かん》じる。

「治療《ちりょう》と同時《どうじ》にタンタンの生活《せいかつ》の質《しつ》、ＱＯＬも上《あ》げていかないと」

梅元《うめもと》が指摘《してき》するＱＯＬとは Quality of Life（クオリティ・オブ・ライフ）の略《りゃく》で、動物《どうぶつ》福祉《ふくし》の考《かんが》え方《かた》では動物《どうぶつ》が精神的《せいしんてき》にも肉体的《にくたいてき》にも健全《けんぜん》で、豊《ゆた》かに暮《く》らすことをさす。

心臓疾患《しんぞうしっかん》の治療《ちりょう》を進《すす》めながらも、いきいきと幸《しあわ》せに暮《く》らせるようにすることが必要《ひつよう》だと、梅元《うめもと》と吉田《よしだ》は考《かんが》えていた。そのためにもっと外《そと》で過《す》ごす時間《じかん》を増《ふ》やしてやりたい。

「そうですよね。どうしたらいいですかね？」

菅野獣医師《かんのじゅういし》も二人《ふたり》と同《おな》じ気持《きも》ちだが、現実的《げんじつてき》には難《むずか》しいことも知《し》っている。開園日《かいえんび》の朝《あさ》に外《そと》に出《だ》した場合《ばあい》、動物園《どうぶつえん》が開《ひら》く9時《じ》までにタンタンが室内《しつない》に戻《もど》ってきてくれる保証《ほしょう》はない。大《おお》きな音《おと》や刺激《しげき》はタンタンの心臓《しんぞう》に負担《ふたん》をかける恐《おそ》れがあるので、外《そと》に出《だ》したままにしておくわけにはいかない。

「うーん……」

腕《うで》組《ぐ》みをしたり首《くび》をひねったりしながらそれぞれ考《かんが》えを巡《めぐ》らせていると、なにかを思《おも》いついた吉田《よしだ》が口《くち》を開《ひら》いた。

「運動場《うんどうじょう》を囲《かこ》っちゃったらええんちゃうかな？　高《たか》い塀《へい》かなんかで」

運動場《うんどうじょう》を囲《かこ》ってしまえば、確《たし》かに音《おと》や刺激《しげき》は低減《ていげん》させることができる。だがタンタンに会《あ》えなくても近《ちか》くで応援《おうえん》したいと、動物園《どうぶつえん》に足《あし》を運《はこ》んでくれている観覧者《かんらんしゃ》はどう思《おも》うだろうか。みんなは再《ふたた》び口《くち》をつぐみ考《かんが》え込《こ》んでしまった。

それから2か月《げつ》ほど経《た》った休園日《きゅうえんび》。

パンダ舎《しゃ》の運動場《うんどうじょう》の周《まわ》りで大掛《おおが》かりな工事《こうじ》が始《はじ》まった。運動場《うんどうじょう》の柵《さく》に沿《そ》って、高《たか》さ2・5mほどの鉄《てつ》パイプが15本以上《ほんいじょう》も並《なら》べられた。すべての鉄《てつ》パイプが倒《たお》れないよう地面《じめん》と柵《さく》にしっかりと固定《こてい》されると、今度《こんど》はそこに白《しろ》いビニール製《せい》のシートが取《と》り付《つ》けられた。

「あー見《み》えるなあ。丸見《まるみ》えや」

普段《ふだん》はタンタンが昼寝《ひるね》をするやぐらの上《うえ》で、四《よ》つんばいになりながら吉田《よしだ》は手元《てもと》の無線《むせん》機《き》に呼《よ》びかけた。

「遊園地《ゆうえんち》の柵《さく》のところから丸見《まるみ》えや」

やぐらの上《うえ》にのった吉田《よしだ》からは園内《えんない》に併設《へいせつ》された遊園地《ゆうえんち》の高台《たかだい》が丸見《まるみ》えだった。無線連《むせんれん》絡《らく》を受《う》けた動物園《どうぶつえん》スタッフが指定《してい》された場所《ばしょ》に急《いそ》いで向《む》かう。

「あー、確《たし》かにここからは見《み》えるね。気《き》づかなかった。この高台《たかだい》は盲点《もうてん》だった」

急《きゅう》きょ遊園地《ゆうえんち》に面《めん》した方向《ほうこう》のシートを倍《ばい》の高《たか》さにする。こうして、タンタンの運動場《うんどうじょう》は白《しろ》いシートで完全《かんぜん》に囲《かこ》われた。

「これで毎日《まいにち》、タンタンを運動場《うんどうじょう》に出《だ》せるね」

工事《こうじ》を終《お》え、真新《まあたら》しいシートを触《さわ》りながら吉田《よしだ》はうれしそうにつぶやいた。でももしかすると、いままでと違《ちが》う光景《こうけい》にタンタンが驚《おどろ》いてしまうかもしれない。翌朝《よくあさ》、試《ため》しにタンタンを新《あたら》しい運動場《うんどうじょう》に出《だ》してみることになった。

「ほれ、行《い》っといで」

吉田《よしだ》にうながされ、運動場《うんどうじょう》に出《で》ていくタンタン。一歩一歩《いっぽいっぽ》、土《つち》の感触《かんしょく》を踏《ふ》みしめながら芝生《しばふ》の上《うえ》を歩《ある》くと、首《くび》をもたげて少《すこ》し変《か》わった周《まわ》りの景色《けしき》を見渡《みわた》した——。

すぐに安心《あんしん》したのか、いつものように草《くさ》のにおいをいっぱいにかぎながら、お決《き》まりのコースの散歩開始《さんぽかいし》。

「あー、土《つち》を掘《ほ》りだした。シートにはぜんぜん警戒《けいかい》していなそうやね。よかった」

シートのおかげで開園日《かいえんび》にも落《お》ち着《つ》いて過《す》ごせるようになった運動場《うんどうじょう》を見《み》ながら、吉《よし》田《だ》はうれしそうにつぶやいた。

「この光景《こうけい》を、いつかお客《きゃく》さんたちにも見《み》てもらえたらなあ」

吉田《よしだ》は、タンタンの元気《げんき》な姿《すがた》をいつかまた大勢《おおぜい》の人《ひと》たちに見《み》てもらいたいと、強《つよ》く願《ねが》っている。たくさん歩《ある》いて運動《うんどう》すれば、お腹《なか》が減《へ》って竹《たけ》を食《た》べる量《りょう》も増《ふ》えるに違《ちが》いない。薬《くすり》の効果《こうか》もあり心臓疾患《しんぞうしっかん》は症状《しょうじょう》が落《お》ち着《つ》いている。体液《たいえき》を抜《ぬ》く処置《しょち》も、粉《こな》ミルク作戦《さくせん》のおかげで順調《じゅんちょう》に続《つづ》けられている。

このまま状態《じょうたい》が上向《うわむ》いていけば、観覧《かんらん》を再開《さいかい》できる可能性《かのうせい》も出《で》てくるのではないか。このシートはその目標《もくひょう》に向《む》けた第一歩《だいいっぽ》。一縷《いちる》の望《のぞ》みを胸《むね》に秘《ひ》め、吉田《よしだ》はタンタンに寄《よ》り添《そ》い続《つづ》けている。


7月6日《がつむいか》。

一枚《いちまい》の写真《しゃしん》が大《おお》きな話題《わだい》を呼《よ》んだ。写《うつ》っているのは運動場《うんどうじょう》のやぐらでくつろぐタンタンと、パンダ舎《しゃ》の屋上《おくじょう》に咲《さ》くひまわり。「屋上《おくじょう》にチラホラひまわり咲《さ》いてます」とSNSに投稿《とうこう》された。

「ほんまきれいに咲《さ》いたなあ」

ホースで水《みず》をまく梅元《うめもと》の脇《わき》で、腰《こし》をかがめてひまわり畑《ばたけ》の雑草《ざっそう》を抜《ぬ》いている吉田《よしだ》が話《はな》しかけた。屋上《おくじょう》のひまわりたちは、運《うん》動場《どうじょう》をシートで囲《かこ》ったタイミングで二人《ふたり》で種《たね》をまいた。

「タンタンのうんちを肥料《ひりょう》に混《ま》ぜたからね。そのおかげかも」

梅元《うめもと》は笑顔《えがお》で返事《へんじ》をした。つまりこのひまわりは、タンタンが咲《さ》かせてくれたものだ。

「ほんまやな。こんなに咲《さ》いたら下《した》からもきれいに見《み》えるやろ」

「このひまわりを見《み》て、タンタンのことを感《かん》じてくれればうれしいけど」

屋上《おくじょう》でひまわりを植《う》えようと提案《ていあん》したのは植物好《しょくぶつず》きの吉田《よしだ》だった。屋上《おくじょう》からは、シートの周《まわ》りでひまわりを見上《みあ》げている観覧者《かんらんしゃ》が何人《なんにん》も見《み》えた。

タンタンの運動場《うんどうじょう》をシートで囲《かこ》ってしまった代《か》わりに、ひまわりから元気《げんき》なタンタンの姿《すがた》を想像《そうぞう》してほしい――。そう願《ねが》いながら梅元《うめもと》がホースをひまわりに向《む》けると、細《こま》かい霧状《きりじょう》の水《みず》が午後《ごご》の日差《ひざ》しを受《う》け、きれいな虹《にじ》を作《つく》った。


真夏《まなつ》の太陽《たいよう》にも負《ま》けず、力強《ちからづよ》くまっすぐ空《そら》に向《む》かって笑顔《えがお》を向《む》けるひまわりたちは、心臓疾患《しんぞうしっかん》に負《ま》けず頑張《がんば》るタンタンの姿《すがた》と重《かさ》なる。この光景《こうけい》はすぐにSNSで話題《わだい》を呼《よ》び、多《おお》くの人《ひと》が動物園《どうぶつえん》を訪《おとず》れた。ある人《ひと》は一生懸命写真《いっしょうけんめいしゃしん》を撮《と》り、ある人《ひと》は花《はな》に向《む》かって「タンちゃん」と呼《よ》びかける。なかには元気《げんき》に咲《さ》くひまわりからタンタンを想像《そうぞう》して涙《なみだ》を流《なが》す人《ひと》も。阪神《はんしん》・淡路大震災《あわじだいしんさい》で被災《ひさい》した後《あと》、タンタンを見《み》て希望《きぼう》をもらったと言《い》っていたヒロシさんも屋上《おくじょう》を見上《みあ》げていた。

「パンダ舎《しゃ》の空気《くうき》と水蒸気《すいじょうき》を吸《す》って生長《せいちょう》してるんだから、あのひまわりたちはタンちゃんが育《そだ》てているようなもんだよ。元気《げんき》に生長《せいちょう》するひまわりのように、きっとタンちゃんも元気《げんき》になってくれるよ」

タンタンの観覧《かんらん》が中止《ちゅうし》になってすでに1年以上《ねんいじょう》が経過《けいか》している。実際《じっさい》に会《あ》うことはできないが、力強《ちからづよ》いひまわりたちは病気《びょうき》に打《う》ち勝《か》とうと頑張《がんば》るタンタンの姿《すがた》を、思《おも》い起《お》こさせてくれるようだ。

「梅元《うめもと》さん、新《あたら》しいタイヤが届《とど》きました」

動物園《どうぶつえん》スタッフがパンダ舎《しゃ》に届《とど》けてくれたのは直径《ちょっけい》30㎝ほどのゴム製《せい》の小《ちい》さなタイヤ。原付《げんつき》バイクに使《つか》われるものだが、パンダ舎《しゃ》でいったいなにに使《つか》うつもりなのか？

「タンタン、新《あたら》しいタイヤが来《き》たから置《お》いておくよ。また明日《あした》ね」

屋内展示場《おくないてんじじょう》に竹《たけ》やリンゴなど夜食《やしょく》の準備《じゅんび》を整《ととの》えると、梅元《うめもと》は寝室《しんしつ》にいるタンタンに声《こえ》をかけた。そして寝室《しんしつ》と屋内展示場《おくないてんじじょう》をつなぐ鉄《てつ》の扉《とびら》を開放《かいほう》すると、この日《ひ》の仕事《しごと》を終《お》え、帰《かえ》っていった。

静《しず》まり返《かえ》ったパンダ舎《しゃ》で一頭《いっとう》だけになったタンタン。しばらくうたた寝《ね》するとむっくりと起《お》き上《あ》がり、竹《たけ》やリンゴを頬張《ほおば》り始《はじ》めた。お腹《なか》が満《み》たされると、梅元《うめもと》が壁《かべ》に立《た》てかけていった小《ちい》さなタイヤに目《め》をやる。口《くち》でくわえると、ブンブンブンブン首《くび》を振《ふ》って力《ちから》いっぱい振《ふ》り回《まわ》す。くわえたまま寝室《しんしつ》に入《はい》ると横《よこ》になり、今度《こんど》はペロペロなめたりかじりついたり、いつまでもタイヤを放《はな》そうとはしなかった。

「ゆうべもタイヤで遊《あそ》んでるね」

翌朝《よくあさ》、夜《よる》のタンタンの様子《ようす》をモニターで確認《かくにん》しながら梅元《うめもと》は吉田《よしだ》に話《はな》しかけた。最《さい》

近《きん》タンタンはこの小《ちい》さなタイヤがお気《き》に入《い》りらしく、気《き》が付《つ》くと遊《あそ》んでいる。ひとつ目《め》のタイヤがボロボロになったので、新《あたら》しいタイヤと交換《こうかん》したのだ。

心臓《しんぞう》の症状《しょうじょう》が少《すこ》し落《お》ち着《つ》いてきたことを受《う》け、梅元《うめもと》と吉田《よしだ》は安定《あんてい》した状態《じょうたい》をできるだけ長《なが》く維持《いじ》するにはどうしたらいいか模索《もさく》している。いままでは薬《くすり》を飲《の》ませたり体液《たいえき》を抜《ぬ》いたり、目《め》の前《まえ》の問題《もんだい》を解決《かいけつ》することに必死《ひっし》だったが、ようやく1か月先《げつさき》、2か月先《げつさき》という少《すこ》し長《なが》いスパンで将来《しょうらい》のことを考《かんが》えられるようになった。

タイヤ遊《あそ》びも先々《さきざき》を考《かんが》えてのこと。このタイヤ遊《あそ》びをすることでタンタンは歯《は》の摩耗《まもう》を防《ふせ》ぐことができると、二人《ふたり》は考《かんが》えている。タイヤで遊《あそ》ぶ前《まえ》、タンタンは木製《もくせい》の寝台《しんだい》の端《はし》っこをメキメキかむ癖《くせ》があった。そうすることでストレスを発散《はっさん》していたようだが、歯《は》にかかる負担《ふたん》が大《おお》きく、よくないのではと心配《しんぱい》していた。

人間《にんげん》と同《おな》じようにまず乳歯《にゅうし》が生《は》え、永久歯《えいきゅうし》になると生涯《しょうがい》生《は》え替《か》わることのないパンダの歯《は》。人《ひと》と違《ちが》い入《い》れ歯《ば》もないため、失《うしな》えば主食《しゅしょく》の竹《たけ》が食《た》べられなくなる。歯《は》の摩耗《まもう》を抑《おさ》えるため、普段与《ふだんあた》える竹《たけ》も二人《ふたり》は選別《せんべつ》していた。

「ちょっと前《まえ》は明日《あした》のことも考《かん》える余裕《よゆう》なんてなかったのに、すごい進歩《しんぽ》だよね」

小《ちい》さなタイヤで遊《あそ》ぶタンタンの映像《えいぞう》をモニターで眺《なが》めながら梅元《うめもと》が口《くち》にした。

「そうやなあ。寝台《しんだい》をメキメキにされると、直《なお》すのが大変《たいへん》だったから助《たす》かるわ」

タンタンがかみついてボロボロになった寝台《しんだい》は、大工仕事《だいくしごと》が得意《とくい》な吉田《よしだ》がかんなを使《つか》ってきれいに削《けず》って直《なお》していた。小《ちい》さなタイヤのおかげで、その手間《てま》が減《へ》って吉田《よしだ》は喜《よろこ》んでいる。

「こんなふうに先々《さきざき》を見越《みこ》していろいろな〝種《たね》〟をまいていけるといいけどなぁ」

心臓疾患《しんぞうしっかん》に加《くわ》え、年齢《ねんれい》による衰《おとろ》えも進《すす》む。いつまたタンタンの体調《たいちょう》が大《おお》きく崩《くず》れるか、見当《けんとう》もつかない。それでも梅元《うめもと》と吉田《よしだ》は、タンタンが穏《おだ》やかに暮《く》らせるよう、未来《みらい》を見据《みす》えて〝種《たね》〟をまく。

未来《みらい》を見据《みす》えてまいてきた〝種《たね》〟といえば、もうひとつ。大学《だいがく》の研究室《けんきゅうしつ》と共同《きょうどう》で進《すす》めている冷凍《れいとう》タケノコプロジェクトにも進展《しんてん》があった。

「どうぞ、お入《はい》りください」

梅元《うめもと》がパンダ舎《しゃ》の扉《とびら》を開《あ》けると、スーツに身《み》を包《つつ》んだ研究員《けんきゅういん》2人《ふたり》が入《はい》ってきた。冷凍《れいとう》するときの条件《じょうけん》や保管方法《ほかんほうほう》、解凍《かいとう》する方法《ほうほう》など多《おお》くの点《てん》を見直《みなお》した結果《けっか》、これまでとは異《こと》なる新《あたら》しい冷凍《れいとう》タケノコの試作品《しさくひん》が完成《かんせい》したという。

「解凍《かいとう》したときに生《なま》の香《かお》りに近《ちか》い、青《あお》くささが残《のこ》るよう実験《じっけん》を重《かさ》ねてきました」

普段《ふだん》は人間《にんげん》が食《た》べる野菜《やさい》や肉《にく》の冷凍方法《れいとうほうほう》を研究《けんきゅう》している2人《ふたり》は、これまでの失敗《しっぱい》から人間《にんげん》とパンダではおいしいと感《かん》じる感覚《かんかく》が違《ちが》うという視点《してん》に立《た》って改良《かいりょう》した。

王子動物園《おうじどうぶつえん》から送《おく》られてくる根曲《ねま》がり竹《だけ》のタケノコを自分《じぶん》たちも生《なま》のまま食《た》べて、タンタンがおいしいと感《かん》じる採《と》れたてタケノコのにおいと食感《しょっかん》の再現《さいげん》に全力《ぜんりょく》を傾《かたむ》けてきた。

その成果《せいか》が、研究員《けんきゅういん》たちの前《まえ》に置《お》かれた青《あお》いクーラーボックスに入《はい》っている。

「こちらが新《あたら》しい冷凍《れいとう》タケノコです」

取《と》り出《だ》されたのは、春《はる》に吉田《よしだ》が収穫《しゅうかく》してすぐに研究室《けんきゅうしつ》に送《おく》った根曲《ねま》がり竹《だけ》と布袋竹《ほていちく》のタケノコ。どちらもタンタンの大好物《だいこうぶつ》だが、タケノコのシーズンからは3か月以上《げついじょう》が過《す》ぎ、欲《ほ》しくても来年《らいねん》の春《はる》まで手《て》に入《はい》らない代物《しろもの》だ。

もしタンタンが気《き》に入《い》ってくれれば、いざというときの切《き》り札《ふだ》になる可能性《かのうせい》がある。梅《うめ》元《もと》と吉田《よしだ》は、はやる気持《きも》ちを抑《おさ》えながら冷凍《れいとう》タケノコを手《て》に取《と》った。

「見《み》た目《め》は悪《わる》くないね」

手《て》のひらにのせて隅々《すみずみ》まで観察《かんさつ》すると、梅元《うめもと》は第一印象《だいいちいんしょう》を口《くち》にした。今度《こんど》は指先《ゆびさき》でタケノコを押《お》してみた。かたさも触《さわ》り心地《ごこち》も採《と》れたてと変《か》わらない。ではにおいは？　皮《かわ》をめくってにおいをかぐと、タケノコ本来《ほんらい》の青々《あおあお》とした香《かお》りが鼻《はな》いっぱいに広《ひろ》がった。

「うわ！　採《と》れたてと同《おな》じやわ」

タンタンが好《この》む竹《たけ》を探《さが》し続《つづ》けて14年《ねん》あまり。〝竹《たけ》マイスター〟の異名《いみょう》をとる吉田《よしだ》が、驚《おどろ》きのあまり声《こえ》を上《うわ》ずらせた。

そして一口《ひとくち》、タケノコを口《くち》に含《ふく》むと味《あじ》を確《たし》かめるようにゆっくりとかみしめた。梅元《うめもと》と研究員《けんきゅういん》たちは、吉田《よしだ》がどんな反応《はんのう》を示《しめ》すのか固唾《かたず》をのんで見守《みまも》っている。

「うーん。変《か》わらない。少《すく》なくとも俺《おれ》には違《ちが》いがわからない」

吉田《よしだ》は目《め》を丸《まる》くした。人間《にんげん》ではわからないほど、採《と》れたてタケノコに近《ちか》づいている。ならばタンタンはどう感《かん》じるのか？

「タンタン、食《た》べてみる？」

屋内展示場《おくないてんじじょう》の寝台《しんだい》の上《うえ》で横《よこ》になるタンタンに、梅元《うめもと》は声《こえ》をかけながら近《ちか》づいた。手《て》には根曲《ねま》がり竹《だけ》の冷凍《れいとう》タケノコがにぎられている。

寝《ね》ぼけまなこで手《て》をなめているタンタンのそばに冷凍《れいとう》タケノコを置《お》くと、梅元《うめもと》はバックヤードを通《とお》って吉田《よしだ》と研究員《けんきゅういん》たちがいる観覧通路《かんらんつうろ》に急《いそ》ぎ足《あし》で向《む》かった。タンタンは横《よこ》になったまま冷凍《れいとう》タケノコに鼻《はな》を近《ちか》づけると、クンクンにおいをかぎだした。改良前《かいりょうまえ》の冷《れい》凍《とう》タケノコはこの段階《だんかい》で異変《いへん》を感《かん》じとられ、食《た》べてもらえなかった。

果《は》たして今回《こんかい》は？　研究員《けんきゅういん》は手《て》を合《あ》わせ、祈《いの》るように見《み》つめている。横《よこ》になったまましばらくにおいをかぐと、タンタンはゆっくりと起《お》き上《あ》がった。そして冷凍《れいとう》タケノコを1本《ぽん》、両手《りょうて》でつかみ上《あ》げると口《くち》に含《ふく》み、ムシャムシャ食《た》べだした。2本目《ほんめ》、3本目《ぼんめ》と勢《いきお》いは止《と》まらない。採《と》れたてのタケノコのときと同《おな》じようにおいしそうに食《た》べている。

「やった！　食《た》べた食《た》べた」

吉田《よしだ》がうれしそうに手《て》を叩《たた》いた。研究員《けんきゅういん》たちはうまくいった安堵感《あんどかん》からホッと胸《むね》をなでおろしている。

「うまくいきましたね」

バックヤードから観覧通路《かんらんつうろ》にやってきた梅元《うめもと》も喜《よろこ》びの輪《わ》に加《くわ》わった。

「暑《あつ》くなって普段《ふだん》よりも食《た》べる量《りょう》が落《お》ちているのに食《た》べたんだから、本物《ほんもの》やで」

興奮気味《こうふんぎみ》に吉田《よしだ》が梅元《うめもと》に声《こえ》をかける。

「来年《らいねん》、タケノコが生《は》えたら研究室《けんきゅうしつ》に送《おく》ります。食欲《しょくよく》がなくなったときの切《き》り札《ふだ》になるかもしれない」

梅元《うめもと》の話《はなし》に研究員《けんきゅういん》たちは大《おお》きくうなずいた。大好《だいす》きなタケノコをいつでも食《た》べられるようにと、動物園《どうぶつえん》と大学《だいがく》の研究室《けんきゅうしつ》が共同《きょうどう》で始《はじ》めた冷凍《れいとう》タケノコプロジェクト。タンタンが穏《おだ》やかに暮《く》らせるよう梅元《うめもと》と吉田《よしだ》がまいた種《たね》からまたひとつ、〝希望《きぼう》の芽《め》〟が出《で》た。


30℃を超《こ》える真夏日《まなつび》が続《つづ》く8月中旬《がっちゅうじゅん》。

梅元《うめもと》と吉田《よしだ》ははしごを登《のぼ》ってパンダ舎《しゃ》の屋上《おくじょう》にやってきた。花《はな》が咲《さ》き終《お》わり、すっかり萎《しお》れたひまわりたちに灼熱《しゃくねつ》の日差《ひざ》しが容赦《ようしゃ》なく降《ふ》り注《そそ》いでいる。額《ひたい》をしたたる大粒《おおつぶ》の汗《あせ》をタオルで拭《ふ》きながら、梅元《うめもと》は、首《くび》を折《お》り曲《ま》げ下《した》を向《む》いたひまわりの花《はな》をつかんだ。外《そと》側《がわ》を囲《かこ》んでいた大《おお》きくて黄色《きいろ》い花《はな》びらは枯《か》れ、代《か》わりに花全体《はなぜんたい》に種《たね》が整然《せいぜん》と並《なら》んでいる。

「すごいなこれ。ひまわりに種《たね》がついているの初《はじ》めて見《み》た。へー面白《おもしろ》い」

「それはもう切《き》り落《お》としてええよ。真《ま》ん中《なか》が黒《くろ》くなっていれば大丈夫《だいじょうぶ》」

植物《しょくぶつ》に詳《くわ》しい吉田《よしだ》の了解《りょうかい》を得《え》ると、梅元《うめもと》はひまわりの花《はな》をハサミで切《き》り落《お》とした。一輪《いちりん》のひまわりから採《と》れる種《たね》は300粒以上《つぶいじょう》。屋上《おくじょう》のひまわりを全部合《ぜんぶあ》わせれば数千粒《すうせんつぶ》にもなる。

「これだけあれば十分《じゅうぶん》でしょう」

こんなに暑《あつ》くて風《かぜ》もない日《ひ》に、わざわざ畑仕事《はたけしごと》をしに出《で》てきたのには訳《わけ》がある。種《たね》を集《あつ》めて急《いそ》いで乾燥《かんそう》させないと、あの日に間《ま》に合《あ》わないから。

そう、まもなくまたタンタンの誕生日《たんじょうび》がやってくる。

これまでは毎年《まいとし》、飼育員二人《しいくいんふたり》がバースデーケーキを

タンタンにプレゼントしてきた。でも今年《ことし》は、会《あ》えなくてもいつも応援《おうえん》してくれる人《ひと》たちに、タンタンからひまわりの種《たね》をプレゼントしたらどうだろう？　梅元《うめもと》が吉田《よしだ》に相談《そうだん》すると快《こころよ》く同意《どうい》してくれた。

収穫《しゅうかく》を終《お》えると、数千《すうせん》を超《こ》える種《たね》はかつてコウコウが使《つか》っていた屋内展示場《おくないてんじじょう》の寝台《しんだい》の上《うえ》に並《なら》べられた。数日後《すうじつご》、しっかり乾《かわ》いたことを確認《かくにん》すると、二人《ふたり》は10粒《つぶ》ほど手《て》に取《と》って透明《とうめい》の袋《ふくろ》に入《い》れていく。

「タンタンのうんちで育《そだ》ったひまわりの種《たね》が全国《ぜんこく》に行《い》くかもしれないね。花《はな》が咲《さ》いたら写真《しゃしん》を送《おく》ってもらおうか」

種《たね》を入《い》れながら梅元《うめもと》は隣《となり》で作業《さぎょう》する吉田《よしだ》に話《はな》しかけた。

「いいかもしれんね。北海道《ほっかいどう》で咲《さ》きました、沖縄《おきなわ》で咲《さ》きましたとか、ここから広《ひろ》がっていったらええな」

作業《さぎょう》の手《て》を止《と》めると、吉田《よしだ》はザルに並《なら》べられた種《たね》を眺《なが》めながらつぶやいた。タンタンのひまわりは来年《らいねん》、全国《ぜんこく》で大輪《たいりん》の花《はな》を咲《さ》かせるかもしれない。その光景《こうけい》を想像《そうぞう》しながら、二人《ふたり》は一粒一粒《ひとつぶひとつぶ》、丁寧《ていねい》に袋《ふくろ》につめていった。

２０２３年《ねん》９月《がつ》16日《にち》。

タンタン28歳《さい》の誕生日《たんじょうび》をお祝《いわ》いするかのように、雲《くも》ひとつないさわやかな秋晴《あきば》れに恵《めぐ》まれた。事前《じぜん》にタンタンのひまわりの種《たね》を配布《はいふ》することが告知《こくち》されていたこともあり、動《どう》物園《ぶつえん》には開園前《かいえんまえ》から２００人《にん》を超《こ》える人《ひと》が長蛇《ちょうだ》の列《れつ》を作《つく》った。

「おはようございます。本日《ほんじつ》は、タンタンの誕生日《たんじょうび》なので、パンダ舎《しゃ》の上《うえ》で育《そだ》てたひまわりの種《たね》をお配《くば》りしています」

９時《じ》、先着《せんちゃく》２００名限定《めいげんてい》でひまわりの種《たね》の配布《はいふ》が始《はじ》まった。タンタンのシールが付《つ》いた透明《とうめい》の袋《ふくろ》に10粒《つぶ》ほどの種《たね》が入《はい》っている。運《うん》よく受《う》け取《と》れた人《ひと》たちは、互《たが》いに喜《よろこ》びを分《わ》かち合《あ》った。

「タンタンちゃんが育《そだ》てたひまわりを、日本中《にほんじゅう》に広《ひろ》めよう」

「来年《らいねん》、うちの庭《にわ》に植《う》えて、種《たね》を採《と》って、みんなに配《くば》って、また植《う》えて。また種《たね》を採《と》って、どんどんつなげていきたい」

この日《ひ》は特別《とくべつ》に、白《しろ》いシートの内側《うちがわ》の観覧通路《かんらんつうろ》から運動場《うんどうじょう》を見《み》ることもできた。タンタンは外《そと》に出《で》てこないが、タンタンが大好《だいす》きなやぐらや岩《いわ》を見《み》ようと、観覧通路《かんらんつうろ》は大勢《おおぜい》の人《ひと》で賑《にぎ》わった。

いつもタンタンのことを心配《しんぱい》してくれる人《ひと》たちにお礼《れい》を言《い》うため、梅元《うめもと》はときどき観覧《かんらん》通路《つうろ》に顔《かお》を出《だ》した。一人一人《ひとりひとり》と言葉《ことば》を交《か》わしながら、梅元《うめもと》はいかに多《おお》くの人《ひと》からタンタンが愛《あい》されているかを改《あらた》めて感《かん》じていた。

午後《ごご》5時《じ》の閉園《へいえん》を迎《むか》えると、それまでの喧騒《けんそう》が嘘《うそ》のように動物園《どうぶつえん》は静寂《せいじゃく》に包《つつ》まれた。吉田《よしだ》は夕日《ゆうひ》に照《て》らされたパンダ舎《しゃ》の屋上《おくじょう》にいた。

ひまわりが枯《か》れると吉田《よしだ》はまた畑《はたけ》を耕《たがや》し、今度《こんど》はコスモスの種《たね》をまいた。運動場《うんどうじょう》のシートはしばらく取《と》り外《はず》される予定《よてい》はない。見《み》に来《き》てくれた人《ひと》がさみしくならないよう、ひまわりの次《つぎ》はコスモス、コスモスの次《つぎ》は菜《な》の花《はな》を育《そだ》てるつもりでいる。そして菜《な》の花《はな》の次《つぎ》はもちろん、ひまわりの番《ばん》だ。そのころ、シートがなくなっていれば一番《いちばん》いいが、その願《ねが》いが叶《かな》うかどうかはまだわからない。

「シートが取《と》れるよう、一緒《いっしょ》に頑張《がんば》ろうな」

吉田《よしだ》は、赤《あか》く染《そ》まりだした空《そら》を見上《みあ》げながら、心《こころ》の中《なか》でタンタンに呼《よ》びかけた。

同《おな》じころ、梅元《うめもと》は屋内展示場《おくないてんじじょう》の寝台《しんだい》の上《うえ》でうとうとするタンタンを眺《なが》めながら、これからのことを考《かんが》えていた。来年《らいねん》どうなっているかなんて想像《そうぞう》もつかない。それでももし、無事《ぶじ》に来年《らいねん》の春《はる》を迎《むか》えられたら――。

「二人《ふたり》と一頭《いっとう》で、また来年《らいねん》もひまわりを植《う》えような。約束《やくそく》……約束《やくそく》なのかな」

タンタンを見《み》つめながら梅元《うめもと》はつぶやいた。

その声《こえ》は小《ちい》さかったが、揺《ゆ》るぎのない決意《けつい》が込《こ》められていた。その瞬間《しゅんかん》、寝《ね》ながら梅《うめ》元《もと》のほうを眺《なが》めていたタンタンが、左《ひだり》の後《うし》ろあしを上《あ》げた。もちろん偶然《ぐうぜん》だが、まるで梅《うめ》元《もと》に『了解《りょうかい》！』と合図《あいず》を送《おく》ってきているかのようだった。

「また明日《あした》ね」

後《うし》ろあしを上《あ》げるタンタンに手《て》を振《ふ》ると、梅元《うめもと》は満面《まんめん》の笑《え》みを浮《う》かべながらパンダ舎《しゃ》を後《あと》にした。

7.
タンタン、ありがとう

誕生日《たんじょうび》から2か月近《げっちか》くが経《た》ったころ、SNSに不思議《ふしぎ》な写真《しゃしん》が投稿《とうこう》された。運動場《うんどうじょう》のやぐらに立《た》つタンタンと、パンダ舎《しゃ》の屋上《おくじょう》に咲《さ》く3本《ぼん》の大輪《たいりん》のひまわり。秋《あき》になってもなかなか気温《きおん》が下《さ》がらないためか、夏《なつ》に咲《さ》き終《お》えたひまわりからこぼれた種《たね》が生長《せいちょう》し、季節外《きせつはず》れの花《はな》を咲《さ》かせたようだ。SNSに添《そ》えられたのは「#ひまわりの約束《やくそく》」と、いつもの「#また明日《あした》ね」。その投稿《とうこう》には、タンタンとひまわりという組《く》み合《あ》わせを再《ふたた》び見《み》られたことを喜《よろこ》ぶ声《こえ》がたくさん寄《よ》せられた。

ところがこのころ、タンタンは大《おお》きな問題《もんだい》

に直面《ちょくめん》していた。竹《たけ》やリンゴなどの固形物《こけいぶつ》をまったく食《た》べなくなってしまったのだ。粉《こな》ミルク入《い》りの栄養剤《えいようざい》で最低限必要《さいていげんひつよう》な栄養《えいよう》は摂取《せっしゅ》できるが、固形物《こけいぶつ》を食《た》べないと体調《たいちょう》の維《い》持《じ》が難《むずか》しい。梅元《うめもと》と吉田《よしだ》はなんとか食《た》べさせられないか、手《て》を尽《つ》くした。

「もらってきたよ」

竹《たけ》がダメなら別《べつ》のものも試《ため》してみようと、普段《ふだん》ゾウが食《た》べている青草《あおくさ》をもらってきた。中国《ちゅうごく》の獣医師《じゅういし》から中国《ちゅうごく》のパンダは青草《あおくさ》を食《た》べることもあると教《おし》えてもらったからだ。

梅元《うめもと》はタンタンが食《た》べやすいよう青草《あおくさ》を包丁《ほうちょう》で20㎝ほどに小《ちい》さく切《き》り分《わ》けると、寝台《しんだい》で寝《ね》ているタンタンのそばに置《お》いてみた。

「タンタン、やわらかい青草《あおくさ》だよ。食《た》べてみて」

梅元《うめもと》が青草《あおくさ》を置《お》くと、タンタンは興味《きょうみ》を持《も》ったのか青草《あおくさ》に近《ちか》づいてきた。においをかぎ、手《て》に取《と》ると、パクリ。口《くち》に入《い》れた。

「おお！　食《た》べたよ」

モニターで見《み》ていた梅元《うめもと》は思《おも》わず声《こえ》をあげた。

「ほんまや。食《た》べるんや」

隣《となり》で見《み》ていた吉田《よしだ》もまさかという表情《ひょうじょう》を浮《う》かべながら喜《よろこ》んだ。タンタンが久《ひさ》しぶりに固形物《こけいぶつ》を口《くち》にした。やわらかい食感《しょっかん》が気《き》に入《い》ったのか、決《けっ》して多《おお》くはないが青草《あおくさ》を食《た》べてくれた。それから数日間《すうじつかん》、タンタンは青草《あおくさ》を食《た》べたがそれも長《なが》くは続《つづ》かなかった。再《ふたた》びなにも食《た》べなくなってしまったのだ。

それでもタンタンは懸命《けんめい》に生《い》き続《つづ》け、梅元《うめもと》と吉田《よしだ》は寄《よ》り添《そ》い続《つづ》けた。

年《とし》が明《あ》けて2024年《ねん》の元旦《がんたん》。

梅元《うめもと》は静《しず》まり返《かえ》った夜道《よみち》を自転車《じてんしゃ》で走《はし》っていた。六甲山《ろっこうさん》から吹《ふ》き降《お》ろす風《かぜ》は頬《ほお》に刺《さ》さるように冷《つめ》たく、吐《は》く息《いき》はまっ白《しろ》。あまりの寒《さむ》さからか歩道《ほどう》を歩《ある》く人《ひと》も少《すく》ない。それでも梅《うめ》元《もと》は、いつにも増《ま》して力強《ちからづよ》くペダルを漕《こ》いでいるので、寒《さむ》さはまったく気《き》にならなかった。こんなに朝早《あさはや》く動物園《どうぶつえん》に急《いそ》ぐのには、訳《わけ》がある。

6時半前《じはんまえ》にパンダ舎《しゃ》につくと、いつものようにモニターに目《め》をやり、タンタンの状態《じょうたい》を確《たし》かめる。すやすやと寝息《ねいき》を立《た》てて気持《きも》ちよさそうに寝《ね》ている。これならまだ大丈夫《だいじょうぶ》だ。梅元《うめもと》はデジカメをつかむと外《そと》に飛《と》び出《だ》した。パンダ舎《しゃ》の外側《そとがわ》にある垂直《すいちょく》のはしごを登《のぼ》ると、勢《いきお》いよく屋上《おくじょう》へと躍《おど》り出《で》た。

「よかった！　間《ま》に合《あ》った」

梅元《うめもと》が急《いそ》いだ理由《りゆう》、それはパンダ舎《しゃ》の屋上《おくじょう》から初日《はつひ》の出《で》を撮影《さつえい》するため。タンタンが神戸《こうべ》で、また新《あたら》しい年《とし》を迎《むか》えることができたことを祝《いわ》うため、梅元《うめもと》は数年前《すうねんまえ》から初日《はつひ》の出《で》を撮《と》り続《つづ》けている。

7時過《じす》ぎ、東《ひがし》の空《そら》がオレンジ色《いろ》に染《そ》まるとまっ赤《か》な太陽《たいよう》が少《すこ》しずつ姿《すがた》を現《あらわ》した。その様《よう》子《す》をデジカメで撮影《さつえい》しながら、初日《はつひ》の出《で》が昇《のぼ》るようにタンタンの体調《たいちょう》も上《あ》がってほしいと梅元《うめもと》は心《こころ》の中《なか》で何度《なんど》も祈《いの》った。


撮影《さつえい》を終《お》えてパンダ舎《しゃ》に戻《もど》るとタンタンはちょうど起《お》きたらしく、まだ眠《ねむ》そうにあくびをしている。

「起《お》きたの？　朝《あさ》ごはん準備《じゅんび》するね」

竹《たけ》や固形物《こけいぶつ》は相変《あいか》わらずなにも食《た》べてくれない。その代《か》わり、粉《こな》ミルク入《い》りの栄養剤《えいようざい》は日《ひ》に3回欠《かいか》かさず飲《の》んでくれる。この栄養剤《えいようざい》は、正真正銘《しょうしんしょうめい》タンタンの生命線《せいめいせん》なのだ。

「あけましておめでとう。今年《ことし》も一緒《いっしょ》に頑《がん》張《ば》ろうな」

誰《だれ》もいないバックヤードで、梅元《うめもと》は一人《ひとり》、タンタンに話《はな》しかけた。

心臓疾患《しんぞうしっかん》が見《み》つかって、まもなく3年《ねん》が経《た》とうとしている。自分《じぶん》と吉田《よしだ》、それに菅《かん》野《の》たち獣医師《じゅういし》が支《ささ》えているとはいえ、タンタンの頑張《がんば》りがなければここまでもつこともなかっただろう。新《あたら》しい年《とし》を迎《むか》えられたことで、梅元《うめもと》は改《あらた》めてタンタンの生《い》きようとする力《ちから》、生命力《せいめいりょく》の強《つよ》さを感《かん》じていた。

――タンタンが頑張《がんば》っている限《かぎ》り、自分《じぶん》たちは絶対《ぜったい》にあきらめない。

元旦《がんたん》のタンタン

栄養剤《えいようざい》をゆっくりと舌《した》ですくいとるタンタンを見《み》ながら、梅元《うめもと》はその思《おも》いを強《つよ》くした。

その後《ご》も栄養剤以外《えいようざいいがい》は口《くち》にしない日《ひ》が続《つづ》いたが、元気《げんき》な日《ひ》には運動場《うんどうじょう》に出《で》て日向《ひなた》ぼっこをしたり散歩《さんぽ》をしたりと、今《いま》までと変《か》わらない暮《く》らしを続《つづ》けた。

ところが、事態《じたい》が大《おお》きく変《か》わったのは3月中旬《がつちゅうじゅん》。ついに頼《たの》みの綱《つな》である栄養剤《えいようざい》すら、飲《の》まなくなってしまった。口《くち》にするのはわずかな水《みず》だけ。タンタンは急速《きゅうそく》に体力《たいりょく》を失《うしな》っていった。

事態《じたい》を重《おも》く見《み》た動物園《どうぶつえん》の判断《はんだん》で飼育員《しいくいん》と獣医師《じゅういし》たちは、何《なに》が起《お》きても対応《たいおう》できるよう、交代《こうたい》で泊《と》まり込《こ》んでつきっきりでタンタンの看病《かんびょう》にあたった。それでも、一日《にち》に何度《なんど》かは自力《じりき》で立《た》ち上《あ》がり、屋内展示場内《おくないてんじじょうない》をウロウロするなど、寝《ね》たきりになるようなことはなかった。

しかし、2週間《しゅうかん》が経《た》った3月《がつ》31日《にち》。タンタンは、朝《あさ》からまったく動《うご》こうとしなかった。異変《いへん》を感《かん》じた梅元《うめもと》と吉田《よしだ》が繰《く》り返《かえ》し呼《よ》びかけたり、体《からだ》をさすったりして刺激《しげき》を与《あた》えると、午後《ごご》になってようやく起《お》き上《あ》がった。タンタンはそのまま散歩《さんぽ》をして水《みず》も飲《の》んだので、二人《ふたり》は持《も》ち直《なお》してくれたと安心《あんしん》し、泊《と》まりのスタッフに後《あと》を託《たく》して帰宅《きたく》することにした。明日《あした》もまた会《あ》えると信《しん》じていた梅元《うめもと》は、パンダ舎《しゃ》を出《で》る前《まえ》、横《よこ》になっているタンタンにいつものように声《こえ》をかけた。

「また明日《あした》ね」

まさかこれが、永遠《えいえん》の別《わか》れの挨拶《あいさつ》になるとは、夢《ゆめ》にも思《おも》わなかった——。

午後《ごご》10時《じ》過《す》ぎ、梅元《うめもと》のスマホが突然《とつぜん》鳴《な》り響《ひび》いた。悪《わる》い予感《よかん》がして震《ふる》える手《て》でスマホを取《と》ると、泊《と》まりのスタッフからタンタンの容態《ようだい》が急変《きゅうへん》したのですぐパンダ舎《しゃ》に来《き》てほしいという呼《よ》び出《だ》しだった。梅元《うめもと》は数時間前《すうじかんまえ》に通《とお》ったばかりの道《みち》を全速力《ぜんそくりょく》で自転車《じてんしゃ》を漕《こ》いだ。

ありったけの力《ちから》でペダルを踏《ふ》み込《こ》みながら、間《ま》に合《あ》ってくれと祈《いの》り続《つづ》けた。午後《ごご》11時《じ》過《す》ぎ、梅元《うめもと》がパンダ舎《しゃ》に駆《か》け込《こ》んだとき、先《さき》に到着《とうちゃく》していた菅野《かんの》獣医《じゅうい》師《し》たちが心臓《しんぞう》マッサージを行《おこな》っていた。混乱《こんらん》する気持《きも》ちを抑《おさ》え、梅元《うめもと》は心臓《しんぞう》マッサージを交代《こうたい》した。梅元《うめもと》のすぐ後《あと》に到着《とうちゃく》した吉田《よしだ》もタンタンに「戻《もど》ってこい」と呼《よ》びかける。口《くち》からチューブを入《い》れて酸素《さんそ》を送《おく》り込《こ》む人工呼吸《じんこうこきゅう》などの蘇生措置《そせいそち》もとられた。

しかし、タンタンが再《ふたた》び目《め》を開《あ》けることは、なかった。


午後《ごご》11時《じ》56分《ぷん》、死亡《しぼう》が確認《かくにん》された。

死因《しいん》は心臓疾患《しんぞうしっかん》が原因《げんいん》の衰弱死《すいじゃくし》だった。


「お茶《ちゃ》買《か》ってきたよ。一緒《いっしょ》に飲《の》もうや」

深夜《しんや》2時《じ》をまわったころ、吉田《よしだ》がペットボトルを梅元《うめもと》に差《さ》し出《だ》した。

梅元《うめもと》も吉田《よしだ》もパンダ舎《しゃ》に戻《もど》ってから息《いき》つく暇《ひま》もなかった。沈《しず》み込《こ》む菅野獣医師《かんのじゅういし》たちに声《こえ》をかけ、タンタンが落《お》ち着《つ》いて休《やす》めるよう広《ひろ》い場所《ばしょ》に安置《あんち》した。タオルで体《からだ》をきれいに拭《ふ》くと、タンタンが大好《だいす》きだった黄色《きいろ》いブラシで全身《ぜんしん》を丁寧《ていねい》にとかした。

獣医師《じゅういし》たちが帰《かえ》った後《あと》、梅元《うめもと》と吉田《よしだ》はほうきとちり取《と》りを手《て》に取《と》って、タンタンがいた寝室《しんしつ》と屋内展示場《おくないてんじじょう》の掃除《そうじ》を始《はじ》めた。毎朝行《まいあさおこな》っているように隅々《すみずみ》まできれいにし、ホースで水《みず》をまきデッキブラシで床《ゆか》を磨《みが》く。一日《いちにち》たりとも欠《か》かしたことのない作業《さぎょう》だが、

明日《あした》からはもうやる必要《ひつよう》はなくなる。そのことがわかっている二人《ふたり》は、いつも以上《いじょう》に丁寧《ていねい》に磨《みが》き上《あ》げた。

「献杯《けんぱい》かな」

亡《な》くなったタンタンに敬意《けいい》と追悼《ついとう》の意《い》を表《ひょう》して献杯《けんぱい》しようと梅元《うめもと》が言《い》うと、吉田《よしだ》もうなずいた。

「献杯《けんぱい》」

ペットボトルを軽《かる》く掲《かか》げると、二人《ふたり》は静《しず》かにお茶《ちゃ》を飲《の》んだ。

しばらく沈黙《ちんもく》が続《つづ》いた後《あと》、吉田《よしだ》が口《くち》を開《ひら》いた。

「タンタン、よく頑張《がんば》ったよな」

心臓疾患《しんぞうしっかん》が見《み》つかってから3年間《ねんかん》、終《お》わりの見《み》えない投薬治療《とうやくちりょう》と体液《たいえき》を抜《ぬ》く処置《しょち》に耐《た》えながら、タンタンは懸命《けんめい》に頑張《がんば》った。頑張《がんば》ったという表現以外《ひょうげんいがい》、言葉《ことば》が見《み》つからなかった。

梅元《うめもと》がタンタンを担当《たんとう》するようになったのは2008年《ねん》から。その翌年《よくとし》、吉田《よしだ》が加《くわ》わった。二人一緒《ふたりいっしょ》にタンタンの面倒《めんどう》を見《み》て15年《ねん》。苦《くる》しいことやつらいことは二人《ふたり》で乗《の》り越《こ》え、楽《たの》しいことやうれしいことが起《お》きれば二人《ふたり》で喜《よろこ》びを分《わ》かち合《あ》った。お互《たが》いを〝相方《あいかた》〟と呼《よ》ぶ二人《ふたり》にしか分《わ》かち合《あ》えない思《おも》い出《で》は、数《かぞ》えきれないほどある。

気《き》が付《つ》けば、朝日《あさひ》が昇《のぼ》ろうとしていた。まもなくフラミンゴが鳴《な》きだし、しばらくするとオランウータンが消防《しょうぼう》ホースで遊《あそ》びだす。いつもと何《なに》も変《か》わらない王子動物園《おうじどうぶつえん》の賑《にぎ》やかな一日《いちにち》が、また幕《まく》を開《あ》ける。

ただひとつ、24年間《ねんかん》パンダ舎《しゃ》にいた〝神戸《こうべ》のお嬢《じょう》さま〟ことタンタンがいなくなってしまったこと以外《いがい》は――。

タンタンが亡《な》くなったニュースが発表《はっぴょう》されると、SNS上《じょう》は悲《かな》しみの声《こえ》であふれ、動《どう》物園《ぶつえん》にはタンタンを偲《しの》び、感謝《かんしゃ》の気持《きも》ちを伝《つた》えようと全国《ぜんこく》から大勢《おおぜい》の人《ひと》がかけつけた。屋内展示《おくないてんじ》場《じょう》に設《もう》けられた献花台《けんかだい》は、たちまち黄色《きいろ》で染《そ》まった。

多《おお》くの人《ひと》が供《そな》えたのは去年《きょねん》の夏《なつ》、飼育員二人《しいくいんふたり》とタンタンが満開《まんかい》の花《はな》を咲《さ》かせたひまわりだった。涙《なみだ》を流《なが》しながら手《て》を合《あ》わせる人《ひと》たちを、梅元《うめもと》はモニターで眺《なが》めていた。タンタンが亡《な》くなった後《あと》も、梅元《うめもと》はいつもと変《か》わらず朝《あさ》7時《じ》には出勤《しゅっきん》している。誰《だれ》もいないパンダ舎《しゃ》に入《はい》るとつい癖《くせ》で、モニターでタンタンの姿《すがた》を探《さが》してしまう。そしてバックヤードを進《すす》むと、主《あるじ》のいなくなった寝室《しんしつ》の前《まえ》で立《た》ち止《ど》まる。

まだ眠《ねむ》そうな目《め》をこすりながらゆっくり起《お》き上《あ》がると粉《こな》ミルク入《い》り栄養剤《えいようざい》をねだるタンタン。あっという間《ま》に飲《の》み干《ほ》すと外《そと》に散歩《さんぽ》に行《い》きたいとアピールするタンタン。そして昼寝《ひるね》をするタンタン。

目《め》をつぶればすぐに、タンタンの姿《すがた》がいくらでも鮮明《せんめい》によみがえる。

でも現実《げんじつ》には、もういない。

ため息《いき》をつきながら、梅元《うめもと》はバックヤードの小窓《こまど》から運動場《うんどうじょう》を眺《なが》めた。タンタンが出《で》ていくだけで、子《こ》どもからお年寄《としよ》りまでみんなが笑顔《えがお》になった。みんながタンタンに歓声《かんせい》

タンタンのいない寝室《しんしつ》を見《み》つめる梅元《うめもと》さん

をあげる様子《ようす》を、この小《ちい》さな窓《まど》からそっと見《み》るのが、誇《ほこ》らしかった。
小窓《こまど》からはいま、美《うつく》しいピンク色《いろ》に染《そ》まった桜《さくら》が見《み》える。亡《な》くなった翌日《よくじつ》、まるでタンタンを天国《てんごく》に送《おく》るかのように園内《えんない》の桜《さくら》がいっせいに咲《さ》きだした。この窓《まど》から毎年《まいとし》、やぐらの上《うえ》のタンタンと桜《さくら》の写真《しゃしん》を撮《と》った。今年《ことし》もあと少《すこ》しで、タンタンは満開《まんかい》の桜《さくら》を見《み》ることができたのに……。

「まだもう少《すこ》し、『また明日《あした》ね』って言《い》いたかったな」

桜《さくら》を見《み》ながらつぶやくと、梅元《うめもと》の頬《ほお》を一筋《ひとすじ》の涙《なみだ》が流《なが》れ落《お》ちた。タンタンが亡《な》くなってから1週間《しゅうかん》。いままでは忙《いそが》しすぎて涙《なみだ》を流《なが》す余裕《よゆう》もなかった。でも少《すこ》しずつ、タンタンがいなくなったことが現実《げんじつ》として受《う》け止《と》められるようになると、胸《むね》にぽっかりと大《おお》きな穴《あな》が空《あ》いたような気持《きも》ちになる。
梅元《うめもと》は風《かぜ》で揺《ゆ》れる桜《さくら》を、いつまでも眺《なが》めていた。

同《おな》じころ吉田《よしだ》は園内《えんない》を歩《ある》いていた。タンタンが生《い》きていたときは治療《ちりょう》に追《お》われ、亡《な》くなってからは献花台《けんかだい》の準備《じゅんび》や整理《せいり》などに追《お》われ、竹《たけ》の生育状況《せいいくじょうきょう》を確認《かくにん》する暇《ひま》もなかった。久《ひさ》しぶりに、茂《しげ》みの竹《たけ》を見《み》に行《い》く。

「あっ！　生《は》えてるやん！　根曲《ねま》がり竹《だけ》のタケノコ！」

神戸近郊《こうべきんこう》の竹林《ちくりん》にはあまり生《は》えていないことから、わざわざ吉田《よしだ》が園内《えんない》で育《そだ》てている根《ね》曲《ま》がり竹《だけ》。この根曲《ねま》がり竹《だけ》のタケノコはタンタンが特《とく》にお気《き》に入《い》りで、春《はる》はこればかりを食《た》べていた。その根曲《ねま》がり竹《だけ》のタケノコが、今年《ことし》もまた、芽《め》を出《だ》している。

「もうそんな季節《きせつ》になっていたか」

茂《しげ》みで一人《ひとり》つぶやくと、吉田《よしだ》は20㎝ほどに伸《の》びたタケノコを5本《ほん》ばかり指《ゆび》で折《お》ってパンダ舎《しゃ》へ戻《もど》った。屋内展示場《おくないてんじじょう》の寝台《しんだい》の上《うえ》にはタンタンが竹《たけ》を持《も》つ姿《すがた》が大《おお》きく写《うつ》された遺影《いえい》が飾《かざ》られている。その遺影《いえい》の前《まえ》に、吉田《よしだ》は採《と》れたてのタケノコを供《そな》えた。

「気《き》に入《い》ってくれたらいいけど」

吉田《よしだ》はしばらくタンタンの遺影《いえい》とタケノコを見《み》つめていた。その表情《ひょうじょう》は、生前《せいぜん》タンタンがタケノコを食《た》べ終《お》わるのをじっと見《み》つめていたときと同《おな》じだった。

タンタンにお別《わか》れを伝《つた》えようと献花《けんか》に訪《おとず》れる人《ひと》はその後《ご》も途絶《とだ》えず、多《おお》い日《ひ》には1万《まん》2000人《にん》もが動物園《どうぶつえん》を訪《おとず》れた。献花台《けんかだい》はすぐにひまわりなどで埋《う》め尽《つ》くされてしまうため、梅元《うめもと》と吉田《よしだ》は毎日《まいにち》、供《そな》えられた花《はな》の整理《せいり》に追《お》われた。

一日《いちにち》の作業《さぎょう》を終《お》えると、吉田《よしだ》はパンダ舎《しゃ》の屋上《おくじょう》に上《あ》がった。屋上《おくじょう》の畑《はたけ》では吉田《よしだ》が植《う》えた菜《な》の花《はな》が、満開《まんかい》の花《はな》を咲《さ》かせ風《かぜ》に揺《ゆ》れている。ひまわりの次《つぎ》はコスモス。コスモスの次《つぎ》は菜《な》の花《はな》。白《しろ》いシートで覆《おお》われたパンダ舎《しゃ》が少《すこ》しでも華《はな》やかになるようにと、吉田《よしだ》は花《はな》を育《そだ》て続《つづ》けた。そのシートは、タンタンがいなくなったため、すでに撤去《てっきょ》されている。いつかはシートを外《はず》して、タンタンの元気《げんき》な姿《すがた》を公開《こうかい》するという吉田《よしだ》の願《ねが》いが叶《かな》うことはなかった。

屋上《おくじょう》から運動場《うんどうじょう》を眺《なが》めながら、吉田《よしだ》はタンタンのことを思《おも》った。いまでも竹《たけ》を用意《ようい》してあげたいし、寝室《しんしつ》の掃除《そうじ》をしてあげたい。黄色《きいろ》いブラシで背中《せなか》の毛《け》を思《おも》いっきりとかしてあげたい。できることならもっともっと世話《せわ》を続《つづ》けたい――。


あの晩《ばん》、心臓《しんぞう》マッサージをしながら吉田《よしだ》はタンタンに「戻《もど》ってこい」と呼《よ》びかけた。でもいまは、それが正《ただ》しかったかどうか迷《まよ》っている。もしかするとタンタンはもう苦《くる》しい治療《ちりょう》から解放《かいほう》されたいと願《ねが》っていたかもしれない。

どうしてあげることがタンタンにとって一番《いちばん》よかったのか。

いつかタンタンが夢《ゆめ》に出《で》てきてくれたら、その答《こた》えを聞《き》かせてほしい。吉田《よしだ》はポケットからハンカチを取《と》り出《だ》すと、あふれる涙《なみだ》をぬぐった。

「花粉《かふん》がすごいな。花粉《かふん》が……」

風《かぜ》で揺《ゆ》れる満開《まんかい》の菜《な》の花《はな》を見《み》つめながら、吉田《よしだ》は震《ふる》える手《て》でハンカチを目元《めもと》にあてた。

タンタンが亡《な》くなって早《はや》くも3週間《しゅうかん》が経《た》った。

桜《さくら》の花《はな》は散《ち》り、枝《えだ》には、鮮《あざ》やかな新緑《しんりょく》が芽吹《めぶ》いている。

動物園《どうぶつえん》が開園《かいえん》する前《まえ》の朝《あさ》8時《じ》、梅元《うめもと》と吉田《よしだ》がパンダ舎《しゃ》の屋上《おくじょう》に現《あらわ》れた。手《て》にはタンタンと一緒《いっしょ》に咲《さ》かせたひまわりの種《たね》がぎっしりと詰《つ》まった瓶《びん》がにぎられている。菜《な》の花《はな》はすでに刈《か》り取《と》られ、畑《はたけ》には穏《おだ》やかな春《はる》の日差《ひざ》しがさしている。

「どれくらい深《ふか》く埋《う》めればいいの？」

瓶《びん》から種《たね》をつまみながら、梅元《うめもと》が尋《たず》ねた。

「そんなに深《ふか》く掘《ほ》らんでええよ。３㎝くらいがちょうどええかな」

吉田《よしだ》がお手本《てほん》を見《み》せるように畑《はたけ》に穴《あな》を空《あ》けると、種《たね》を入《い》れて土《つち》をかぶせる。

梅元《うめもと》もそれにならってまいていく。


二人《ふたり》と一頭《いっとう》で、来年《らいねん》もひまわりを咲《さ》かせたい——

その約束《やくそく》を果《は》たすため、二人《ふたり》は今年《ことし》も種《たね》をまく。

屋上《おくじょう》を、さわやかな春風《はるかぜ》が吹《ふ》き抜《ぬ》けていった。

「いつごろ咲《さ》くのかな？」

「去年《きょねん》とほとんど同《おな》じころに植《う》えてるから、7月《がつ》には咲《さ》くんちゃうかな」

吉田《よしだ》の答《こた》えにうなずきながら、梅元《うめもと》は穴《あな》に入《い》れた種《たね》をじっと見《み》つめる。

「タンタン、見《み》ているかい。あなたが残《のこ》してくれたひまわりは、王子動物園《おうじどうぶつえん》だけじゃなく日本中《にほんじゅう》に広《ひろ》がっているよ」

心《こころ》の中《なか》でつぶやくと、梅元《うめもと》は静《しず》かに土《つち》をかぶせた。


優《やさ》しい春《はる》の日差《ひざ》しが、二人《ふたり》のことをやわらかく包《つつ》んでいる。

まるで天国《てんごく》のタンタンが、二人《ふたり》のことをぎゅっと抱《だ》きしめているかのように。

あとがき

初《はじ》めてタンタンに出会《であ》ったときの強烈《きょうれつ》な印象《いんしょう》は、いまでも忘《わす》れません。

パンダ舎《しゃ》の寝室《しんしつ》の前《まえ》で梅元《うめもと》さんの話《はなし》を聞《き》いていると、『何《なに》か用《よう》かしら？』とでも言《い》いたげな雰囲気《ふんいき》でタンタンは柵《さく》につかまりながらこちらを見《み》ていました。「フーッ」と吐《は》き出《だ》す息《いき》が顔《かお》にかかるような近《ちか》さでタンタンと向《む》き合《あ》った瞬間《しゅんかん》、あまりの神々《こうごう》しさにすっかり心《こころ》を奪《うば》われてしまいました。

タンタンが中国《ちゅうごく》に返還《へんかん》されることが決《き》まったタイミングで制作《せいさく》した「ごろごろパンダ日記《にっき》」という番組《ばんぐみ》がきっかけで、心臓疾患《しんぞうしっかん》が見《み》つかってからも密着《みっちゃく》させてもらえることになりました。それから4年《ねん》あまり。タンタンと二人《ふたり》の飼育員《しいくいん》を取材《しゅざい》する機会《きかい》に恵《めぐ》まれ制《せい》作《さく》した「ごろごろパンダ日記《にっき》」は5本《ほん》にのぼります。（動物園《どうぶつえん》とNHKとの協議《きょうぎ》により、番組内《ばんぐみない》では治療《ちりょう》の時系列《じけいれつ》を一部変更《いちぶへんこう》して放送《ほうそう》しました。）バックヤードで見《み》るタンタンはもちろんかわいいのですが、それ以上《いじょう》に私《わたし》の心《こころ》を深《ふか》くとらえたのは飼育員二人《しいくいんふたり》の命《いのち》を預《あず》かる責任感《せきにんかん》や、治療《ちりょう》を進《すす》めながらも崩《くず》れないタンタンとの絆《きずな》の強《つよ》さでした。

タンタンが亡《な》くなる2日前《ふつかまえ》、私《わたし》はトレーニングルームに設置《せっち》させてもらう定点《ていてん》カメラを持《も》ってパンダ舎《しゃ》を訪《たず》ねました。タンタンの体調《たいちょう》は深刻《しんこく》な状況《じょうきょう》に陥《おちい》っており、出迎《でむか》えてくれた梅元《うめもと》さんの顔《かお》はやつれ、いつもの明《あか》るさはありませんでした。それでも別《わか》れ際《ぎわ》、「タンタンと頑張《がんば》ります」と力強《ちからづよ》く話《はな》していた姿《すがた》が、いまも脳裏《のうり》に焼《や》き付《つ》いています。

タンタンと二人《ふたり》の飼育員《しいくいん》の物語《ものがたり》はこれでおしまいです。
最後《さいご》は悲《かな》しい別《わか》れとなってしまいましたが、3年《ねん》にわたる治療《ちりょう》は決《けっ》して無駄《むだ》ではありません。タンタンの頑張《がんば》りと梅元《うめもと》さんと吉田《よしだ》さん、そして菅野《かんの》獣医師《じゅういし》たちのひたむきな努力《どりょく》のおかげで、何度《なんど》も奇跡《きせき》が起《お》きました。その結果《けっか》、心臓疾患《しんぞうしっかん》が見《み》つかってからも大《だい》好《す》きなタケノコを食《た》べたり散歩《さんぽ》をしたりと、タンタンは穏《おだ》やかな日々《ひび》を送《おく》ることができたのです。中国《ちゅうごく》の専門家《せんもんか》によると、世界的《せかいてき》に見《み》ても心臓《しんぞう》の病気《びょうき》が見《み》つかってからこんなに長《なが》く生《い》きた例《れい》はほとんどないそうです。

さらに、タンタンが残《のこ》してくれた心臓疾患《しんぞうしっかん》の治療方法《ちりょうほうほう》や薬《くすり》に関《かん》する膨大《ぼうだい》なデータは、今後王子動物園《こんごおうじどうぶつえん》から発表《はっぴょう》され、パンダの治療《ちりょう》に役立《やくだ》つに違《ちが》いありません。タンタンのおかげで、世界中《せかいじゅう》のパンダが救《すく》われるわけです。本当《ほんとう》に大《おお》きな功績《こうせき》を残《のこ》してくれました。

二人《ふたり》の飼育員《しいくいん》がどうしているかについても少《すこ》し触《ふ》れておきます。この原稿《げんこう》を書《か》いている2024年《ねん》8月《がつ》時点《じてん》で梅元《うめもと》さんはトラなどを、吉田《よしだ》さんはキリンなどを担当《たんとう》しており、梅《うめ》元《もと》さんはタンタンと磨《みが》いたハズバンダリートレーニングの技術《ぎじゅつ》を、今後《こんご》はトラを相手《あいて》にいかしていきたいと語《かた》っています。いつか猛獣相手《もうじゅうあいて》のハズバンダリートレーニングをぜひ、取材《しゅざい》させていただきたいです。

最後《さいご》に、この物語《ものがたり》で書《か》かれていることは、なにもパンダに限《かぎ》ったことではありません。自宅《じたく》で飼《か》っている犬《いぬ》や猫《ねこ》、金魚《きんぎょ》やカメだってひとつの命《いのち》を持《も》った生《い》きものです。タンタンと同《おな》じように喜《よろこ》んだり苦《くる》しんだりさまざまな感情《かんじょう》を表現《ひょうげん》することができます。そして動《どう》物園《ぶつえん》で暮《く》らしている動物《どうぶつ》と同《おな》じく、自分《じぶん》では食《た》べ物《もの》を手《て》にすることはできません。元気《げんき》で穏《おだ》やかに暮《く》らせるかどうかは、一緒《いっしょ》に暮《く》らす私《わたし》たち人間《にんげん》の手《て》にゆだねられています。

——自分《じぶん》たち飼育員《しいくいん》は、動物《どうぶつ》たちの「命《いのち》」を預《あず》かっている。

——タンタンが食《た》べるものに関《かん》しては、絶対《ぜったい》に自分《じぶん》がなんとかしてみせる。

梅元《うめもと》さんと吉田《よしだ》さんが大切《たいせつ》にしている信念《しんねん》を、ちょっとだけ意識《いしき》してみてください。

ただかわいがるだけではなく、毎日相手《まいにちあいて》（動物《どうぶつ》）のことを思《おも》って接《せっ》していけば、相手《あいて》からも信頼《しんらい》してもらえて、いままで以上《いじょう》に仲良《なかよ》くなれるはずです。

まずは相手《あいて》に興味《きょうみ》を持《も》って、少《すこ》しでも知《し》ることから始《はじ》めましょう。

そしてタンタンと二人《ふたり》の飼育員《しいくいん》のような強《つよ》い絆《きずな》を築《きず》くための一歩《いっぽ》を、踏《ふ》み出《だ》してみてください。

杉浦大悟《すぎうらだいご》

杉浦大悟（すぎうら・だいご）

1973年、神奈川県横浜市生まれ。ＮＨＫコンテンツ制作局 専任部長。5年間タンタンと二人の飼育員に密着した「ごろごろパンダ日記」をはじめ、「ギョギョッとサカナ★スター」などＮＨＫの数多くの番組の立ち上げ・制作に携わる。著書に、『21人の輪 震災を生きる子どもたちの日々』（ＮＨＫ出版）がある。

中村　愛（なかむら・あい）

埼玉県生まれ。東京藝術大学大学院美術研究科日本画博士後期課程修了。絵画教室アトリエAI主宰。水彩で描いたお花や、しろくまとパンダの作品を数多く発表している。著書に『しろくま、ときどきパンダ』『花と植物を描く　水彩の教科書』（ともに、グラフィック社）がある。

パンダのタンタン
二人《ふたり》の飼育員《しいくいん》との約束《やくそく》

2024年10月23日　第1刷発行
2024年11月15日　第2刷発行

著者　杉浦大悟《すぎうらだいご》
挿絵　中村《なかむら》　愛《あい》
協力　神戸市立王子動物園
　　　ＮＨＫ「ごろごろパンダ日記」制作班
発行者　安永尚人
発行所　株式会社講談社
〒112-8001　東京都文京区音羽2-12-21
電話　編集03-5395-3542　販売03-5395-3625　業務03-5395-3615

装丁　中嶋香織
解説イラスト　川端修史
写真　神戸市立王子動物園
　　　ＮＨＫ「ごろごろパンダ日記」制作班
本文データ制作　講談社デジタル製作
カバー印刷　共同印刷株式会社
本文印刷　株式会社KPSプロダクツ
製本　株式会社国宝社

参考資料　『〈科学絵本〉パンダはどうしてパンダになったのか？～800万年生きた進化の歴史～』（技術評論社）、『知らなかった！　パンダ　アドベンチャーワールドが29年で20頭を育てたから知っているひみつ』（新潮社）

ISBN978-4-06-536966-1　N.D.C.482 199p 18.8cm